Abgabengesetze Kommunen NRW

komplett

(Rechtsstand 2021)

Rolf Stamm

Herstellung und Verlag: BoD – Books on Demand, Norderstedt

ISBN: 9783752658552

Inhaltsverzeichnis:

Kommunalabgabengesetz für das Land Nordrhein-Westfalen (KAG) vom 21. Oktober 1969 (GV. NW. 1969 S. 712), zuletzt geändert durch Gesetz vom 19. Dezember 2019 (GV. NRW. S. 1029), in Kraft getreten am 1. Januar 2020 und **Abgabenordnung (AO)** in der Fassung der Bekanntmachung vom 1. Oktober 2002 (BGBl. I S. 3866; 2003 I S. 61), die zuletzt durch Artikel 27, 28 des Gesetzes vom 21. Dezember 2020 (BGBl. I S. 3096, 3125) geändert worden ist, nach den Vorschriften des KAG NRW über die entsprechende Anwendung der Vorschriften der Abgabenordnung zusammengefasst:

Allgemeine Vorschriften

§ 1 Kommunalabgaben

(1) Die Gemeinden und Gemeindeverbände sind berechtigt, nach Maßgabe dieses Gesetzes Abgaben (Steuern, Gebühren und Beiträge) zu erheben, soweit nicht Bundes- oder Landesgesetze etwas anderes bestimmen. Dies gilt mit Ausnahme der Erhebung von Steuern ebenfalls für Anstalten des öffentlichen Rechts gemäß § 114 a der Gemeindeordnung und für gemeinsame Kommunalunternehmen gemäß § 27 des Gesetzes über kommunale Gemeinschaftsarbeit.

(2) Gesetz im Sinne des Kommunalabgabengesetzes ist jede Rechtsnorm.

(3) Die Bestimmungen der §§ 12 bis 22a gelten auch für Steuern, Gebühren, Beiträge und sonstige Abgaben, die von den Gemeinden und Gemeindeverbänden auf Grund anderer Gesetze erhoben werden, soweit diese keine Bestimmung treffen.

§ 2 Rechtsgrundlage für Kommunalabgaben

(1) Abgaben dürfen nur auf Grund einer Satzung erhoben werden. Die Satzung muss den Kreis der Abgabeschuldner, den die Abgabe begründenden Tatbestand, den Maßstab und den Satz der Abgabe sowie den Zeitpunkt ihrer Fälligkeit angeben.

(2) Eine Satzung, mit der eine im Lande nicht erhobene Steuer erstmalig oder erneut eingeführt werden soll, bedarf zu ihrer Wirksamkeit der Genehmigung des für Kommunales zuständigen Ministeriums und des für Finanzen zuständigen Ministeriums.

Die einzelnen Abgaben

§ 3 Steuern

(1) Die Gemeinden können Steuern erheben. Eine Jagdsteuer darf ab 1. Januar 2013 nicht erhoben werden. Die Erhebung einer Steuer auf die Erlangung der Erlaubnis, Gestattung oder Befugnis zum Betrieb eines Gaststättengewerbes ist unzulässig.

(2) Die Gemeinden und Kreise sollen Steuern nur erheben, soweit die Deckung der Ausgaben durch andere Einnahmen, insbesondere durch Gebühren und Beiträge, nicht in Betracht kommt. Dies gilt nicht für die Erhebung der Vergnügungssteuer und der Hundesteuer.

(3) Wird eine Steuer erhoben, kann durch Satzung festgelegt werden, dass der Steuerpflichtige Vorauszahlungen auf die Steuer zu entrichten hat, die er für den laufenden Veranlagungszeitraum voraussichtlich schulden wird.

(4) Die Steuersatzung kann Dritte, die zwar nicht Steuerschuldner sind, aber in rechtlichen oder wirtschaftlichen Beziehungen zum Steuergegenstand oder zu einem Sachverhalt

stehen, an den die Steuerpflicht oder der Steuergegenstand anknüpft, verpflichten, die Steuer zu kassieren, abzuführen und Nachweis darüber zu führen, und ferner bestimmen, dass sie für die Steuer neben dem Steuerschuldner haften.

§ 4 Gebühren (Allgemeines)

(1) Die Gemeinden und Gemeindeverbände können Gebühren erheben.

(2) Gebühren sind Geldleistungen, die als Gegenleistung für eine besondere Leistung - Amtshandlung oder sonstige Tätigkeit - der Verwaltung (Verwaltungsgebühren) oder für die Inanspruchnahme öffentlicher Einrichtungen und Anlagen (Benutzungsgebühren) erhoben werden.

§ 5 Verwaltungsgebühren

(1) Verwaltungsgebühren dürfen nur erhoben werden, wenn die Leistung der Verwaltung von dem Beteiligten beantragt worden ist oder wenn sie ihn unmittelbar begünstigt.

(2) Wird ein Antrag auf eine gebührenpflichtige Leistung abgelehnt oder vor ihrer Beendigung zurückgenommen, so sind 10 bis 75 v. H. der Gebühr zu erheben, die bei ihrer Vornahme zu erheben wäre. Wird der Antrag lediglich wegen Unzuständigkeit abgelehnt, so ist keine Gebühr zu erheben.

(3) Für Widerspruchsbescheide darf nur dann eine Gebühr erhoben werden, wenn der Verwaltungsakt, gegen den Widerspruch erhoben wird, gebührenpflichtig ist und wenn und soweit der Widerspruch zurückgewiesen wird. Die Gebühr beträgt höchstens die Hälfte der für den angefochtenen Verwaltungsakt festzusetzenden Gebühr.

(4) Das veranschlagte Gebührenaufkommen soll die voraussichtlichen Aufwendungen für den betreffenden Verwaltungsbereich nicht übersteigen.

(5) Mündliche Auskünfte sind gebührenfrei.

(6) Von Gebühren sind befreit

das Land, die Gemeinden und Gemeindeverbände, sofern die Leistung der Verwaltung nicht ihre wirtschaftlichen Unternehmen betrifft oder es sich nicht um eine beantragte sonstige Tätigkeit i. S. d. § 4 Abs. 2 auf dem Gebiet der Bauleitplanung, des Kultur-, Tief- und Straßenbau handelt,

die Bundesrepublik und die anderen Länder, soweit Gegenseitigkeit gewährleistet ist,

die Kirchen und Religionsgemeinschaften des öffentlichen Rechts, soweit die Leistung der Verwaltung unmittelbar der Durchführung kirchlicher Zwecke i. S. d. § 54 der Abgabenordnung dient.

Die Gebührenbefreiung gilt nicht für gemäß § 6 Abs. 1 Satz 2, § 19 Satz 1 ÖGDG erbrachte Leistungen.

(7) Besondere bare Auslagen, die im Zusammenhang mit der Leistung entstehen, sind zu ersetzen, auch wenn der Zahlungspflichtige von der Entrichtung der Gebühr befreit ist. Auslagen können auch demjenigen auferlegt werden, der sie durch unbegründete Einwendungen verursacht hat. Zu ersetzen sind insbesondere

a) im Einzelfall besonders hohe Telegrafen-, Fernschreib-, Fernsprechgebühren und Zustellungskosten,

b) Kosten öffentlicher Bekanntmachungen,

c) Zeugen- und Sachverständigenkosten,

d) die bei Dienstgeschäften den beteiligten Verwaltungsangehörigen zustehenden Reisekostenvergütungen,

e) Kosten der Beförderung oder Verwahrung von Sachen.

Für den Ersatz der baren Auslagen gelten die Vorschriften dieses Gesetzes entsprechend.

§ 6 Benutzungsgebühren

(1) Benutzungsgebühren sind zu erheben, wenn eine Einrichtung oder Anlage überwiegend dem Vorteil einzelner Personen oder Personengruppen dient, sofern nicht ein privatrechtliches Entgelt gefordert wird. Im Übrigen können Gebühren erhoben werden. Das veranschlagte Gebührenaufkommen soll die voraussichtlichen Kosten der Einrichtung oder Anlage nicht übersteigen und in den Fällen des Satzes 1 in der Regel decken. § 109 der Gemeindeordnung bleibt unberührt.

(2) Kosten im Sinne des Absatzes 1 sind die nach betriebswirtschaftlichen Grundsätzen ansatzfähigen Kosten. Der Gebührenrechnung kann ein Kalkulationszeitraum von höchstens drei Jahren zugrunde gelegt werden. Kostenüberdeckungen am Ende eines Kalkulationszeitraumes sind innerhalb der nächsten vier Jahre auszugleichen; Kostenunterdeckungen sollen innerhalb dieses Zeitraumes ausgeglichen werden. Zu den Kosten gehören auch Entgelte für in Anspruch genommene Fremdleistungen, Abschreibungen, die nach der mutmaßlichen Nutzungsdauer oder Leistungsmenge gleichmäßig zu bemessen sind, sowie eine angemessene Verzinsung des aufgewandten Kapitals; bei der Verzinsung bleibt der aus Beiträgen und Zuschüssen Dritter aufgebrachte Eigenkapitalanteil außer Betracht. Soweit die Umsätze von Einrichtungen und Anlagen der Umsatzsteuer unterliegen, können die Gemeinden und Gemeindeverbände die Umsatzsteuer den Gebührenpflichtigen auferlegen.

(3) Die Gebühr ist nach der Inanspruchnahme der Einrichtung oder Anlage zu bemessen (Wirklichkeitsmaßstab). Wenn das besonders schwierig oder wirtschaftlich nicht vertretbar ist, kann ein Wahrscheinlichkeitsmaßstab gewählt werden, der nicht in einem offensichtlichen Missverhältnis zu der Inanspruchnahme stehen darf. Die Erhebung einer Grundgebühr

neben der Gebühr nach Satz 1 oder 2 sowie die Erhebung einer Mindestgebühr ist zulässig.

(4) Auf die Gebühren können vom Beginn des Erhebungszeitraumes an angemessene Vorausleistungen verlangt werden.

(5) Grundstücksbezogene Benutzungsgebühren ruhen als öffentliche Last auf dem Grundstück.

(6) Die bestehenden Vorschriften über die Verleihung des Rechts auf Erhebung von Fähr-, Hafen- und Schleusengeldern und von anderen gleichartigen Verkehrsabgaben sowie über die Feststellung der Tarife hierfür bleiben unberührt.

§ 7 Gebühren für Beiträge und Umlagen der Wasser- und Bodenverbände und Zweckverbände

(1) Die von Gemeinden und Gemeindeverbänden für die Mitgliedschaft in einem Wasser- und Bodenverband oder in einem Zweckverband (Verband) zu zahlenden Beiträge und Umlagen (Verbandslasten) werden nach den Grundsätzen des § 6 Abs. 1 Satz 1 und 2 durch Gebühren denjenigen auferlegt, die Einrichtungen und Anlagen des Verbandes in Anspruch nehmen oder denen der Verband durch seine Einrichtungen, Anlagen und Maßnahmen Vorteile gewährt. § 6 Abs. 3 gilt entsprechend. Die Kreise können die von ihnen zu zahlenden Verbandslasten nach den Vorschriften über die Mehr- oder Minderbelastung einzelner Kreisteile aufbringen. Soweit die Abgabepflichtigen selbst von dem Verband für die Inanspruchnahme seiner Einrichtungen und Anlagen oder für die von ihm gewährten Vorteile zu Verbandslasten oder Abgaben herangezogen werden, dürfen von ihnen Gebühren nicht erhoben werden.

(2) Bilden Einrichtungen oder Anlagen des Verbandes mit Einrichtungen oder Anlagen einer Gemeinde oder eines Ge-

meindeverbandes dergestalt eine technische Einheit, dass sie ihren Zweck nur gemeinsam erfüllen können, und erbringen der Verband sowie die Gemeinde oder der Gemeindeverband gleichartige Leistungen (z. B. Ortsentwässerung oder Abwasserreinigung), so gelten sie als einheitliche Einrichtung oder Anlage. In diesen Fällen können die Gemeinden und Gemeindeverbände neben den Verbandslasten nach Absatz 1 Satz 1 und 2 auch die Kosten für ihre eigenen Einrichtungen und Anlagen nach § 6 denjenigen auferlegen, die die einheitliche Einrichtung oder Anlage in Anspruch nehmen. Die auf die einzelnen Abgabepflichtigen entfallenden Gebühren sind um die Beträge zu kürzen, mit denen die Abgabepflichtigen selbst von dem Verband zu Verbandslasten oder Abgaben herangezogen werden; dabei sind Ermäßigungen der Verbandslasten auf Grund eigener Maßnahmen des Abgabepflichtigen den Verbandslasten hinzuzurechnen. Die Kürzung unterbleibt, soweit es sich um Verbandslasten oder Abgaben zur Abgeltung solcher Leistungen und Vorteile handelt, die nur einzelnen zugute kommen. Die Gebühren sind so zu berechnen, dass sie trotz der Kürzungen nach Satz 3 die Kosten der Gemeinde oder des Gemeindeverbandes einschließlich ihrer Verbandslasten in der Regel decken.

§ 8 Beiträge

(1) Die Gemeinden und Gemeindeverbände können Beiträge erheben. Bei den dem öffentlichen Verkehr gewidmeten Straßen, Wegen und Plätzen sollen Beiträge erhoben werden, soweit nicht das Baugesetzbuch anzuwenden ist.

(2) Beiträge sind Geldleistungen, die dem Ersatz des Aufwandes für die Herstellung, Anschaffung und Erweiterung öffentlicher Einrichtungen und Anlagen im Sinne des § 4 Abs. 2, bei Straßen, Wegen und Plätzen auch für deren Verbesserung, jedoch ohne die laufende Unterhaltung und Instandsetzung,

dienen. Sie werden von den Grundstückseigentümern als Gegenleistung dafür erhoben, dass ihnen durch die Möglichkeit der Inanspruchnahme der Einrichtungen und Anlagen wirtschaftliche Vorteile geboten werden. Ist das Grundstück mit einem Erbbaurecht belastet, so tritt an die Stelle des Eigentümers der Erbbauberechtigte.

(3) Beiträge können auch für Teile einer Einrichtung oder Anlage erhoben werden (Kostenspaltung).

(4) Der Aufwand umfasst auch den Wert, den die von der Gemeinde oder dem Gemeindeverband für die Einrichtung oder Anlage bereitgestellten eigenen Grundstücke bei Beginn der Maßnahme haben. Er kann nach den tatsächlichen Aufwendungen oder nach Einheitssätzen, denen die der Gemeinde oder dem Gemeindeverband für gleichartige Einrichtungen oder Anlagen üblicherweise durchschnittlich erwachsenden Aufwendungen zugrunde zu legen sind, ermittelt werden. Bei leitungsgebundenen Einrichtungen und Anlagen, die der Versorgung oder der Abwasserbeseitigung dienen, kann der durchschnittliche Aufwand für die gesamte Einrichtung oder Anlage veranschlagt und zugrunde gelegt werden (Anschlussbeitrag). Wenn die Einrichtungen oder Anlagen erfahrungsgemäß auch von der Allgemeinheit oder von der Gemeinde oder dem Gemeindeverband selbst in Anspruch genommen werden, bleibt bei der Ermittlung des Aufwandes ein dem wirtschaftlichen Vorteil der Allgemeinheit oder der Gemeinde oder des Gemeindeverbandes entsprechender Betrag außer Ansatz; Zuwendungen Dritter sind, sofern der Zuwendende nichts anderes bestimmt hat, zunächst zur Deckung dieses Betrages und nur, soweit sie diesen übersteigen, zur Deckung des übrigen Aufwandes zu verwenden. Das veranschlagte Beitragsaufkommen soll den nach Satz 1 bis 4 ermittelten Aufwand, der sonst von der Gemeinde oder dem Gemeindeverband selbst aufzubringen wäre, einschließlich des

Wertes der bereitgestellten eigenen Grundstücke, nicht überschreiten und in den Fällen des Absatzes 1 Satz 2 in der Regel decken. Wenn im Zeitpunkt des Erlasses der Beitragssatzung der Aufwand noch nicht feststeht, braucht der Beitragssatz in der Satzung nicht angegeben zu werden.

(5) Der Aufwand kann auch für Abschnitte einer Einrichtung oder Anlage, wenn diese selbständig in Anspruch genommen werden können, ermittelt werden.

(6) Die Beiträge sind nach den Vorteilen zu bemessen. Dabei können Gruppen von Beitragspflichtigen mit annähernd gleichen Vorteilen zusammengefasst werden.

(7) Die Beitragspflicht entsteht mit der endgültigen Herstellung der Einrichtung oder Anlage, in den Fällen des Absatzes 3 mit der Beendigung der Teilmaßnahme und in den Fällen des Absatzes 5 mit der endgültigen Herstellung des Abschnitts. Wird ein Anschlussbeitrag nach Absatz 4 Satz 3 erhoben, so entsteht die Beitragspflicht, sobald das Grundstück an die Einrichtung oder Anlage angeschlossen werden kann, frühestens jedoch mit dem Inkrafttreten der Satzung; die Satzung kann einen späteren Zeitpunkt bestimmen.

(8) Auf die künftige Beitragsschuld können angemessene Vorausleistungen verlangt werden, sobald mit der Durchführung der Maßnahme nach Absatz 2 Satz 1 und Absatz 5 begonnen worden ist.

(9) Der Beitrag ruht als öffentliche Last auf dem Grundstück, im Falle des Absatzes 2 Satz 3 auf dem Erbbaurecht.

§ 8a Ergänzende Vorschriften für die Durchführung von Straßenausbaumaßnahmen und über die Erhebung von Straßenausbaubeiträgen

(1) Die Gemeinde hat ein gemeindliches Straßen- und Wegekonzept zu erstellen, welches vorhabenbezogen zu berücksichtigen hat, wann technisch, rechtlich und wirtschaftlich sinnvoll Straßenunterhaltungsmaßnahmen möglich sind und wann beitragspflichtige Straßenausbaumaßnahmen an langfristig notwendigen kommunalen Straßen erforderlich werden können. Das Straßen- und Wegekonzept ist über den Zeitraum der mittelfristigen Ergebnis- und Finanzplanung der Gemeinde oder des Gemeindeverbandes anzulegen und bei Bedarf, mindestens jedoch alle zwei Jahre, fortzuschreiben. Das Straßen- und Wegekonzept wird von der kommunalen Vertretung beraten und beschlossen.

(2) Das für Kommunales zuständige Ministerium gibt durch Verwaltungsvorschrift ein Muster für das Straßen- und Wegekonzept nach Absatz 1 im Ministerialblatt für das Land Nordrhein-Westfalen bekannt. Die Gemeinden und Gemeindeverbände sind verpflichtet, dieses Muster zu verwenden. Sofern die Gemeinde oder der Gemeindeverband von dem Muster abweichen möchte, ist dies im Straßen- und Wegekonzept darzulegen und zu begründen.

(3) Soweit im Straßen- und Wegekonzept nach Absatz 1 beitragspflichtige Straßenausbaumaßnahmen enthalten sind, ist die Gemeinde oder der Gemeindeverband verpflichtet, frühzeitig eine Versammlung der von dem Vorhaben betroffenen Grundstückeigentümerinnen und -eigentümer (verbindliche Anliegerversammlung) durchzuführen. Ihnen sind die rechtlichen, technischen und wirtschaftlichen Gegebenheiten vorzustellen. Sofern sich die Straßenausbaumaßnahme konkreti-

siert, sind zusätzlich Alternativen zum vorgesehenen Ausbaustandard und zu dem sich daraus ergebenden beitragspflichtigen Aufwand in der verbindlichen Anliegerversammlung mit den betroffenen Grundstückseigentümerinnen und -eigentümern zu erörtern. Über das Ergebnis der verbindlichen Anliegerversammlung ist die Vertretung der Gemeinde oder des Gemeindeverbandes vor Beschlussfassung über die Durchführung einer Straßenausbaumaßnahme zu informieren.

(4) Ausnahmsweise kann von der Durchführung einer verbindlichen Anliegerversammlung nach Absatz 3 abgesehen werden, wenn es sich um eine nur geringfügige Straßenausbaumaßnahme handelt. In diesem Fall kann die verbindliche Anliegerversammlung durch Beschluss der kommunalen Vertretung durch ein anderes Beteiligungsverfahren ersetzt werden. Die Rechtmäßigkeit des Beitragsbescheides bleibt von der Erfüllung der Pflicht zur Durchführung einer Anliegerversammlung nach Absatz 3 oder eines anderen Beteiligungsverfahrens unberührt.

(5) Die Satzung der Gemeinde oder des Gemeindeverbandes kann unter Berücksichtigung von § 8 Absatz 6 Beitragsermäßigungen für Eckgrundstücke vorsehen. Die Festlegung einer satzungsrechtlichen Tiefenbegrenzung ist zulässig.

(6) Bei Straßenausbaubeiträgen gemäß § 8 Absatz 2 soll auf Antrag eine Zahlung in höchstens zwanzig Jahresraten eingeräumt werden. Der jeweilige Restbetrag ist jährlich mit 2 Prozentpunkten über dem zu Beginn des Jahres geltenden Basiszinssatz nach § 247 des Bürgerlichen Gesetzbuches, jedoch mit mindestens 1 Prozent, zu verzinsen. Die Zahlungserleichterung kann auch in Form einer Verrentung der Beitragsschuld gewährt werden, die in höchstens zwanzig Jahresleistungen zu entrichten und deren jeweiliger Restbetrag entsprechend Satz 2 zu verzinsen ist. § 135 Absatz 3

Satz 4 Baugesetzbuch in der Fassung der Bekanntmachung vom 3. November 2017 (BGBl. I S. 3634) gilt entsprechend. Eine Tilgung des Restbetrages ist am Ende jeden Jahres möglich. Die Satzung der Gemeinde oder des Gemeindeverbandes kann hierzu Näheres bestimmen.

(7) Straßenausbaubeiträge gemäß § 8 Absatz 2 sollen für ein beitragspflichtiges Grundstück auf Antrag ohne Festsetzung von Fälligkeiten ganz oder teilweise gestundet werden, wenn die Zahlung des Beitrages für die beitragspflichtige Person eine erhebliche Härte bedeutet. Das gilt insbesondere für eine beitragspflichtige Person, die über ein Einkommen verfügt, das die Bedarfsgrenze der Hilfe zum Lebensunterhalt außerhalb von Einrichtungen nach dem Zwölften Buch Sozialgesetzbuch - Sozialhilfe - (Artikel 1 des Gesetzes vom 27. Dezember 2003, BGBl. I S. 3022, 3023), das zuletzt durch Artikel 2 des Gesetzes vom 8. Juli 2019 (BGBl. I S. 1029) geändert worden ist, um nicht mehr als 20 Prozent des maßgebenden Regelsatzes übersteigt und kein anderes Vermögen vorhanden ist, das die Zahlung von Beiträgen zumutbar macht. Für die Höhe der Verzinsung des so gestundeten Betrages gilt Absatz 6 Satz 2 entsprechend. Auf die Zinsen kann ganz oder teilweise verzichtet werden, wenn ihre Erhebung nach Lage des einzelnen Falls unbillig wäre.

(8) Die nach diesem Gesetz anwendbaren weitergehenden Billigkeitsregelungen der Abgabenordnung bleiben unberührt.

Anmerkung: Die Verwendung des Begriffs „Straßenunterhaltungsmaßnahmen" in Abs. 1 führt begrifflich zu Schwierigkeiten. Gemeinhin gelten als Straßenunterhaltungsmaßnahmen nur solche kleineren Umfangs und bauliche Sofortmaßnahmen zur Substanzerhaltung von Straßenbaubefestigungen. Gemeint sind hier aber offenbar Instandsetzungsmaßnahmen, die deutlich über das Ausmaß einer Unterhaltungsmaßnahme hinausgehen und keine Erneuerung von Straßenbefestigungen darstellen (z.B. Oberflächenbehandlungen, Erneuerung lediglich von Deckschichten in voller Fahrstreifenbreite mit und ohne Fräsen und ggf. einer Ausgleichsschicht, Spurrinnenbeseitigung in größeren zusammenhängenden Längen; vgl. OVG NRW, ständige Rechtsprechung, zuletzt Beschluss 15 B 825/17 vom 26.09.2017).

Zum Straßen- und Wegekonzept siehe Verwaltungsvorschrift Bekanntgabe des Musters für ein Straßen- und Wegekonzept gemäß § 8a Absatz 2 Satz 1 Kommunalabgabengesetz für das Land Nordrhein-Westfalen (VV Muster Straßen- und Wegekonzept) Runderlass des Ministeriums für Heimat, Kommunales, Bau und Gleichstellung 305 - 49.01.03 - 74.1 - 2461/20 vom 23. März 2020 (MBl. NRW. 2020 S. 168).

§ 9 Besondere Wegebeiträge

Müssen Straßen und Wege, die nicht dem öffentlichen Verkehr gewidmet sind, deshalb kostspieliger, als es ihrer gewöhnlichen Bestimmung gemäß notwendig wäre, gebaut oder ausgebaut werden, weil sie im Zusammenhang mit der Bewirtschaftung oder Ausbeutung von Grundstücken oder im Zusammenhang mit einem gewerblichen Betrieb außergewöhnlich beansprucht werden, so kann die Gemeinde oder der Gemeindeverband zum Ersatz der Mehraufwendungen von den Eigentümern dieser Grundstücke oder von den Unternehmern der gewerblichen Betriebe besondere Wegebeiträge erheben. Die Beiträge sind nach den Mehraufwendungen zu bemessen, die der Beitragspflichtige verursacht. § 8 Abs. 3, Abs. 4 Satz 1 und 6, Abs. 5, Abs. 7 Satz 1 und Abs. 8 sind entsprechend anzuwenden.

§ 10 Kostenersatz für Haus- und Grundstücks-anschlüsse

(1) Die Gemeinden und Gemeindeverbände können bestimmen, dass ihnen der Aufwand für die Herstellung, Erneuerung, Veränderung und Beseitigung sowie die Kosten für die Unterhaltung eines Haus- oder Grundstücksanschlusses an Versorgungsleitungen und Abwasserbeseitigungsanlagen ersetzt werden. Der Aufwand und die Kosten können in der tatsächlich geleisteten Höhe oder nach Einheitssätzen, denen die der Gemeinde oder dem Gemeindeverband für Anschlüsse der gleichen Art üblicherweise durchschnittlich erwachsenden Aufwendungen und Kosten zugrunde zu legen sind, ermittelt werden. Die Satzung kann bestimmen, dass dabei Versorgungs- und Abwasserleitungen, die nicht in der Mitte der Straße verlaufen, als in der Straßenmitte verlaufend gelten.

(2) Der Ersatzanspruch entsteht mit der endgültigen Herstellung der Anschlussleitung, im Übrigen mit der Beendigung der Maßnahme. Für den Anspruch gelten die Vorschriften dieses Gesetzes entsprechend.

(3) Die Gemeinden und Gemeindeverbände können bestimmen, dass die Haus- oder Grundstücksanschlüsse an Versorgungsleitungen und Abwasserbeseitigungsanlagen zu der öffentlichen Einrichtung oder Anlage im Sinne des § 4 Abs. 2 und des § 8 Abs. 2 Satz 1 gehören.

§ 11 Kurbeiträge und Fremdenverkehrsbeiträge

(1) Die Gemeinden, die nach dem Kurortegesetz ganz oder teilweise als Kurort anerkannt sind, können für die Herstellung, Anschaffung, Erweiterung und Unterhaltung der zu Heil- oder Kurzwecken in dem anerkannten Gebiet bereitgestellten Einrichtungen und Anlagen sowie für die zu diesem Zweck

durchgeführten Veranstaltungen einen Kurbeitrag erheben. Ist Träger der in Satz 1 genannten Einrichtungen und Anlagen ganz oder überwiegend ein Gemeindeverband, so kann nur dieser den Kurbeitrag erheben; die Satzung kann in diesem Falle bestimmen, dass die Gemeinde einen angemessenen Anteil an dem Kurbeitragsaufkommen für ihre eigenen Aufwendungen im Sinne des Satzes 1 erhält.

(2) Der Kurbeitrag wird von den Personen, die in dem nach Absatz 1 Satz 1 anerkannten Gebiet Unterkunft nehmen, ohne in ihm die alleinige Wohnung oder die Hauptwohnung im Sinne des § 21 Absatz 1 des Bundesmeldegesetzes vom 3. Mai 2013 (BGBl. I S. 1084) in der jeweils geltenden Fassung zu haben, als Gegenleistung dafür erhoben, dass ihnen die Möglichkeit geboten wird, die Einrichtungen und Anlagen in Anspruch zu nehmen und an den Veranstaltungen teilzunehmen; die Satzung kann an die Stelle der Hauptwohnung im Sinne des § 21 Absatz 1 des Bundesmeldegesetzes vom 3. Mai 2013 (BGBl. I S. 1084) in der jeweils geltenden Fassung den Wohnsitz im Sinne der §§ 7 bis 11 des Bürgerlichen Gesetzbuches setzen. Der Kurbeitrag kann auch von Personen erhoben werden, die in der Gemeinde außerhalb des nach Absatz 1 Satz 1 anerkannten Gebietes zu Heil- oder Kurzwecken Unterkunft nehmen. Er kann ferner erhoben werden von Personen, die in den dazu geschaffenen Einrichtungen zu Heil- oder Kurzwecken betreut werden, ohne in der Gemeinde Unterkunft zu nehmen. Die Kurbeiträge nach den Sätzen 2 und 3 können niedriger als die nach Satz 1 festgesetzt werden. § 6 bleibt unberührt.

(3) Wer Personen zu Heil- oder Kurzwecken gegen Entgelt beherbergt, wer ihnen als Grundeigentümer Unterkunftsmöglichkeiten in eigenen Wohngelegenheiten, z. B. Fahrzeugen oder Zelten, gewährt oder wer sie in den Fällen des Absatzes 2 Satz 3 in eigenen Einrichtungen betreut, kann durch die

Satzung verpflichtet werden, diese Personen der Gemeinde oder dem Gemeindeverband zu melden, den Kurbeitrag einzuziehen und an die Gemeinde oder den Gemeindeverband abzuliefern; er haftet insoweit für den Kurbeitrag.

(4) Die Gemeinden, die nach dem Kurortegesetz ganz oder teilweise als Kurort oder als Erholungsort anerkannt sind sowie die Gemeinden, in denen die Zahl der Fremdübernachtungen im Jahr in der Regel das Siebenfache der Einwohnerzahl übersteigt, können für die Fremdenverkehrswerbung und für die Herstellung, Anschaffung, Erweiterung und Unterhaltung der zu Fremdenverkehrszwecken bereitgestellten Einrichtungen und Anlagen sowie für die zu diesem Zweck durchgeführten Veranstaltungen einen Fremdenverkehrsbeitrag erheben. § 6 bleibt unberührt.

(5) Der Fremdenverkehrsbeitrag wird von den Personen und den Unternehmen erhoben, denen durch den Fremdenverkehr unmittelbar oder mittelbar besondere wirtschaftliche Vorteile geboten werden. Die Beitragspflicht erstreckt sich auch auf solche Personen und Unternehmen, die, ohne in der Gemeinde ihre Wohnung oder ihren Betriebssitz zu haben, vorübergehend in der Gemeinde erwerbstätig sind. Die Gemeinden können die Erhebung des Fremdenverkehrsbeitrages auf ein nach ihren örtlichen Verhältnissen durch Satzung bestimmtes Gebiet beschränken.

Verwaltungsverfahren

§ 12 Anwendung der Abgabenordnung

(1) Auf Kommunalabgaben sind die folgenden Bestimmungen der Abgabenordnung in der jeweiligen Fassung entsprechend anzuwenden, soweit nicht dieses Gesetz oder andere Bundes- oder Landesgesetze besondere Vorschriften enthalten:

§ 12 I Nr. 1 a) KAG i.V.m. § 2 AO: Vorrang völkerrechtlicher Vereinbarungen

(1) Verträge mit anderen Staaten im Sinne des Artikels 59 Abs. 2 Satz 1 des Grundgesetzes über die Heranziehung zu Abgaben gehen, soweit sie unmittelbar anwendbares innerstaatliches Recht geworden sind, den Abgabengesetzen vor.

(2) Das Bundesministerium der Finanzen wird ermächtigt, zur Sicherung der Gleichmäßigkeit der Heranziehung zu Abgaben und zur Vermeidung einer Doppelbesteuerung oder doppelten Nichtbesteuerung mit Zustimmung des Bundesrates Rechtsverordnungen zur Umsetzung von Konsultationsvereinbarungen zu erlassen. Konsultationsvereinbarungen nach Satz 1 sind einvernehmliche Vereinbarungen der zuständigen Behörden der Vertragsstaaten eines Doppelbesteuerungsabkommens mit dem Ziel, Einzelheiten der Durchführung eines solchen Abkommens zu regeln, insbesondere Schwierigkeiten oder Zweifel, die bei der Auslegung oder Anwendung des jeweiligen Abkommens bestehen, zu beseitigen.

(3) Das Bundesministerium der Finanzen wird ermächtigt, durch Rechtsverordnung mit Zustimmung des Bundesrates Vorschriften zu erlassen, die

1. Einkünfte oder Vermögen oder Teile davon bestimmen, für die die Bundesrepublik Deutschland in Anwendung der Bestimmung eines Abkommens zur Vermeidung der Doppelbesteuerung auf Grund einer auf diplomatischem Weg erfolgten Notifizierung eine Steueranrechnung vornimmt, und

2. in den Anwendungsbereich der Bestimmungen über den öffentlichen Dienst eines Abkommens zur Vermeidung der Doppelbesteuerung diejenigen Körperschaften und Einrichtungen einbeziehen, die auf Grund einer in diesem Abkom-

men vorgesehenen Vereinbarung zwischen den zuständigen Behörden bestimmt worden sind.

Abgabenrechtliche Begriffsbestimmungen

§ 12 I Nr. 1 b) KAG i.V.m. § 3 AO: Abgaben, abgabenrechtliche Nebenleistungen

(1) Abgaben sind Geldleistungen, die nicht eine Gegenleistung für eine besondere Leistung darstellen und von einem öffentlich-rechtlichen Gemeinwesen zur Erzielung von Einnahmen allen auferlegt werden, bei denen der Tatbestand zutrifft, an den das Gesetz die Leistungspflicht knüpft; die Erzielung von Einnahmen kann Nebenzweck sein.

(4) Abgabenrechtliche Nebenleistungen sind

1. Verzögerungsgelder nach § 146 Absatz 2c AO,

2. Verspätungszuschläge nach § 152 AO,

3. Zuschläge nach § 162 Absatz 4 AO,

4. Zinsen nach den §§ 233 bis 237 AO sowie Zinsen nach den Abgabengesetzen, auf die die §§ 238 und 239 AO anzuwenden sind,

5. Säumniszuschläge nach § 240 AO,

6. Zwangsgelder nach § 329 AO,

7. Kosten nach den §§ 89, 178, 178a und 337 bis 345 AO,

8. Zinsen auf Einfuhr- und Ausfuhrsteuern nach Artikel 5 Nummer 20 und 21 des Zollkodex der Union und

9. Verspätungsgelder nach § 22a Absatz 5 des Einkommensteuergesetzes.

(5) Das Aufkommen der Zinsen auf Einfuhr- und Ausfuhr-steuern nach Artikel 5 Nummer 20 und 21 des Zollkodex der Union steht dem Bund zu. Das Aufkommen der übrigen Zinsen steht den jeweils abgabenberechtigten Körperschaften zu. Das Aufkommen der Kosten im Sinne des § 89 AO steht jeweils der Körperschaft zu, deren Behörde für die Erteilung der verbindlichen Auskunft zuständig ist. Das Aufkommen der Kosten im Sinne des § 178a AO steht dem Bund und den jeweils verwaltenden Körperschaften je zur Hälfte zu. Die übrigen abgabenrechtlichen Nebenleistungen fließen den verwaltenden Körperschaften zu.

Anmerkung: Zu den abgabenrechtlichen Nebenleistungen siehe § 12 Abs. 3 KAG (siehe Seite 208).

§ 12 I Nr. 1 b) KAG i.V.m. § 4 AO: Gesetz

Gesetz ist jede Rechtsnorm.

§ 12 I Nr. 1 b) KAG i.V.m. § 5 AO: Ermessen

Ist die Körperschaft, der die Abgabe zusteht, ermächtigt, nach ihrem Ermessen zu handeln, hat sie ihr Ermessen entsprechend dem Zweck der Ermächtigung auszuüben und die gesetzlichen Grenzen des Ermessens einzuhalten.

§ 12 I Nr. 1 b) KAG i.V.m. § 7 AO: Amtsträger

Amtsträger ist, wer nach deutschem Recht

1. Beamter oder Richter (§ 11 Abs. 1 Nr. 3 des Strafgesetz-buchs) ist,

2. in einem sonstigen öffentlich-rechtlichen Amtsverhältnis steht oder

3. sonst dazu bestellt ist, bei einer Behörde oder bei einer sonstigen öffentlichen Stelle oder in deren Auftrag Aufgaben der öffentlichen Verwaltung wahrzunehmen.

§ 12 I Nr. 1 b) KAG i.V.m. § 8 AO: Wohnsitz

Einen Wohnsitz hat jemand dort, wo er eine Wohnung unter Umständen innehat, die darauf schließen lassen, dass er die Wohnung beibehalten und benutzen wird.

§ 12 I Nr. 1 b) KAG i.V.m. § 9 AO: Gewöhnlicher Aufenthalt

Den gewöhnlichen Aufenthalt hat jemand dort, wo er sich unter Umständen aufhält, die erkennen lassen, dass er an diesem Ort oder in diesem Gebiet nicht nur vorübergehend verweilt. Als gewöhnlicher Aufenthalt im Geltungsbereich dieses Gesetzes ist stets und von Beginn an ein zeitlich zusammenhängender Aufenthalt von mehr als sechs Monaten Dauer anzusehen; kurzfristige Unterbrechungen bleiben unberücksichtigt. Satz 2 gilt nicht, wenn der Aufenthalt ausschließlich zu Besuchs-, Erholungs-, Kur- oder ähnlichen privaten Zwecken genommen wird und nicht länger als ein Jahr dauert.

§ 12 I Nr. 1 b) KAG i.V.m. § 10 AO: Geschäftsleitung

Geschäftsleitung ist der Mittelpunkt der geschäftlichen Oberleitung.

§ 12 I Nr. 1 b) KAG i.V.m. § 11 AO: Sitz

Den Sitz hat eine Körperschaft, Personenvereinigung oder Vermögensmasse an dem Ort, der durch Gesetz, Gesellschaftsvertrag, Satzung, Stiftungsgeschäft oder dergleichen bestimmt ist.

§ 12 I Nr. 1 b) KAG i.V.m. § 12 AO: Betriebstätte

Betriebstätte ist jede feste Geschäftseinrichtung oder Anlage, die der Tätigkeit eines Unternehmens dient. Als Betriebstätten sind insbesondere anzusehen:

1. die Stätte der Geschäftsleitung,

2. Zweigniederlassungen,

3. Geschäftsstellen,

4. Fabrikations- oder Werkstätten,

5. Warenlager,

6. Ein- oder Verkaufsstellen,

7. Bergwerke, Steinbrüche oder andere stehende, örtlich fortschreitende oder schwimmende Stätten der Gewinnung von Bodenschätzen,

8. Bauausführungen oder Montagen, auch örtlich fortschreitende oder schwimmende, wenn

a) die einzelne Bauausführung oder Montage oder

b) eine von mehreren zeitlich nebeneinander bestehenden Bauausführungen oder Montagen oder

c) mehrere ohne Unterbrechung aufeinander folgende Bauausführungen oder Montagen länger als sechs Monate dauern.

§ 12 I Nr. 1 b) KAG i.V.m. § 13 AO: Ständiger Vertreter

Ständiger Vertreter ist eine Person, die nachhaltig die Geschäfte eines Unternehmens besorgt und dabei dessen Sachweisungen unterliegt. Ständiger Vertreter ist insbesondere eine Person, die für ein Unternehmen nachhaltig

1. Verträge abschließt oder vermittelt oder Aufträge einholt oder

2. einen Bestand von Gütern oder Waren unterhält und davon Auslieferungen vornimmt.

§ 12 I Nr. 1 b) KAG i.V.m. § 14 AO: Wirtschaftlicher Geschäftsbetrieb

Ein wirtschaftlicher Geschäftsbetrieb ist eine selbständige nachhaltige Tätigkeit, durch die Einnahmen oder andere wirtschaftliche Vorteile erzielt werden und die über den Rahmen einer Vermögensverwaltung hinausgeht. Die Absicht, Gewinn zu erzielen, ist nicht erforderlich. Eine Vermögensverwaltung liegt in der Regel vor, wenn Vermögen genutzt, zum Beispiel Kapitalvermögen verzinslich angelegt oder unbewegliches Vermögen vermietet oder verpachtet wird.

§ 12 I Nr. 1 b) KAG i.V.m. § 15 AO: Angehörige

(1) Angehörige sind:

1. der Verlobte,

2. der Ehegatte oder Lebenspartner,

3. Verwandte und Verschwägerte gerader Linie,

4. Geschwister,

5. Kinder der Geschwister,

6. Ehegatten oder Lebenspartner der Geschwister und Geschwister der Ehegatten oder Lebenspartner,

7. Geschwister der Eltern,

8. Personen, die durch ein auf längere Dauer angelegtes Pflegeverhältnis mit häuslicher Gemeinschaft wie Eltern und Kind miteinander verbunden sind (Pflegeeltern und Pflegekinder).

(2) Angehörige sind die in Absatz 1 aufgeführten Personen auch dann, wenn

1. in den Fällen der Nummern 2, 3 und 6 die die Beziehung begründende Ehe oder Lebenspartnerschaft nicht mehr besteht;

2. in den Fällen der Nummern 3 bis 7 die Verwandtschaft oder Schwägerschaft durch Annahme als Kind erloschen ist;

3. im Fall der Nummer 8 die häusliche Gemeinschaft nicht mehr besteht, sofern die Personen weiterhin wie Eltern und Kind miteinander verbunden sind.

Verarbeitung geschützter Daten und Geheimnis

§ 12 I Nr. 1 c) KAG i.V.m. § 30 AO: Geheimnis der kommunalen Steuern

(1) Amtsträger haben das Geheimnis der kommunalen Steuern zu wahren.

(2) Ein Amtsträger verletzt das Geheimnis der kommunalen Steuern, wenn er

1. personenbezogene Daten eines anderen, die ihm

a) in einem Verwaltungsverfahren, einem Rechnungsprüfungsverfahren oder einem gerichtlichen Verfahren in Sachen kommunaler Steuern,

b) in einem Strafverfahren wegen einer Straftat oder einem Bußgeldverfahren wegen einer Steuerordnungswidrigkeit,

c) im Rahmen einer Weiterverarbeitung nach § 29c Absatz 1 Satz 1 Nummer 4, 5 oder 6 AO oder aus anderem dienstlichen Anlass, insbesondere durch Mitteilung einer Körperschaft oder durch die gesetzlich vorgeschriebene Vorlage eines Steuerbescheids oder einer Bescheinigung über die bei der Heranziehung zu kommunalen Steuern getroffenen Feststellungen,

bekannt geworden sind, oder

2. ein fremdes Betriebs- oder Geschäftsgeheimnis, das ihm in einem der in Nummer 1 genannten Verfahren bekannt geworden ist,

(geschützte Daten) unbefugt offenbart oder verwertet oder

3. geschützte Daten im automatisierten Verfahren unbefugt abruft, wenn sie für eines der in Nummer 1 genannten Verfahren in einem automationsgestützten Dateisystem gespeichert sind.

(3) Den Amtsträgern stehen gleich

1. die für den öffentlichen Dienst besonders Verpflichteten (§ 11 Abs. 1 Nr. 4 des Strafgesetzbuchs),

1a. die in § 193 Abs. 2 des Gerichtsverfassungsgesetzes genannten Personen,

2. amtlich zugezogene Sachverständige,

3. die Träger von Ämtern der Kirchen und anderen Religionsgemeinschaften, die Körperschaften des öffentlichen Rechts sind.

(4) Die Offenbarung oder Verwertung geschützter Daten ist zulässig, soweit

1. sie der Durchführung eines Verfahrens im Sinne des Absatzes 2 Nr. 1 Buchstaben a und b dient,

1a. sie einer Verarbeitung durch die Körperschaft, der die Abgaben zusteht, nach Maßgabe des § 29c Absatz 1 Satz 1 Nummer 4 oder 6 AO dient,

1b. sie der Durchführung eines Bußgeldverfahrens nach Artikel 83 der Verordnung (EU) 2016/679 im Anwendungsbereich dieses Gesetzes dient,

2. sie durch Bundesgesetz ausdrücklich zugelassen ist,

2a. sie durch Recht der Europäischen Union vorgeschrieben oder zugelassen ist,

2b. sie der Erfüllung der gesetzlichen Aufgaben des Statistischen Bundesamtes oder für die Erfüllung von Bundesgesetzen durch die Statistischen Landesämter dient,

2c. sie der Gesetzesfolgenabschätzung dient und die Voraussetzungen für eine Weiterverarbeitung nach § 29c Absatz 1 Satz 1 Nummer 5 AO vorliegen,

3. die betroffene Person zustimmt,

4. sie der Durchführung eines Strafverfahrens wegen einer Tat dient, die keine Abgabenstraftat ist, und die Kenntnisse

a) in einem Verfahren wegen einer Steuerstraftat oder Steuerordnungswidrigkeit erlangt worden sind; dies gilt jedoch nicht für solche Tatsachen, die der Abgabenpflichtige in Unkenntnis der Einleitung des Strafverfahrens oder des Bußgeldverfahrens offenbart hat oder die bereits vor Einleitung des Strafverfahrens oder des Bußgeldverfahrens im Heranziehungsverfahren bekannt geworden sind, oder

b) ohne Bestehen einer abgabenrechtlichen Verpflichtung oder unter Verzicht auf ein Auskunftsverweigerungsrecht erlangt worden sind,

5. für sie ein zwingendes öffentliches Interesse besteht; ein zwingendes öffentliches Interesse ist namentlich gegeben, wenn

a) die Offenbarung erforderlich ist zur Abwehr erheblicher Nachteile für das Gemeinwohl oder einer Gefahr für die öffentliche Sicherheit, die Verteidigung oder die nationale Sicherheit oder zur Verhütung oder Verfolgung von Verbrechen und vorsätzlichen schweren Vergehen gegen Leib und Leben oder gegen den Staat und seine Einrichtungen,

b) Wirtschaftsstraftaten verfolgt werden oder verfolgt werden sollen, die nach ihrer Begehungsweise oder wegen des Umfangs des durch sie verursachten Schadens geeignet sind, die wirtschaftliche Ordnung erheblich zu stören oder das Vertrauen der Allgemeinheit auf die Redlichkeit des geschäftlichen Verkehrs oder auf die ordnungsgemäße Arbeit der Behörden und der öffentlichen Einrichtungen erheblich zu erschüttern, oder

c) die Offenbarung erforderlich ist zur Richtigstellung in der Öffentlichkeit verbreiteter unwahrer Tatsachen, die geeignet sind, das Vertrauen in die Verwaltung erheblich zu erschüttern; die Entscheidung trifft die Vertretung der Körperschaft, der die Abgaben zusteht; vor der Richtigstellung soll der Steuerpflichtige gehört werden.

§ 12 I Nr. 1 c) bb) KAG

Bei der Hundesteuer darf in Schadensfällen Auskunft über Name und Anschrift des Hundehalters an Behörden und Schadensbeteiligte gegeben werden.

(5) Vorsätzlich falsche Angaben der betroffenen Person dürfen den Strafverfolgungsbehörden gegenüber offenbart werden.

(6) Der Abruf geschützter Daten, die für eines der in Absatz 2 Nummer 1 genannten Verfahren in einem automationsgestützten Dateisystem gespeichert sind, ist nur zulässig, soweit er der Durchführung eines Verfahrens im Sinne des Absatzes 2 Nummer 1 Buchstabe a und b oder der zulässigen Übermittlung geschützter Daten durch eine Körperschaft, der die Abgabe zusteht, an die betroffene Person oder Dritte dient. Zur Wahrung des Steuergeheimnisses kann das Bundesministerium der Finanzen durch Rechtsverordnung mit Zustimmung des Bundesrates bestimmen, welche technischen und organisatorischen Maßnahmen gegen den unbefugten Abruf von Daten zu treffen sind. Insbesondere kann es nähere Regelungen treffen über die Art der Daten, deren Abruf zulässig ist, sowie über den Kreis der Amtsträger, die zum Abruf solcher Daten berechtigt sind. Die Rechtsverordnung bedarf nicht der Zustimmung des Bundesrates, soweit sie die Kraftfahrzeugsteuer, die Luftverkehrsteuer, die Versicherungsteuer sowie Einfuhr- und Ausfuhrsteuern und Verbrauchsteuern, mit Ausnahme der Biersteuer, betrifft.

(7) Werden dem Steuergeheimnis unterliegende Daten durch einen Amtsträger oder diesem nach Absatz 3 gleichgestellte Personen nach Maßgabe des § 87a Absatz 4 oder 7 über De-Mail-Dienste im Sinne des § 1 des De-Mail-Gesetzes versendet, liegt keine unbefugte Offenbarung, Verwertung und kein

unbefugter Abruf von dem Steuergeheimnis unterliegenden Daten vor, wenn beim Versenden eine kurzzeitige automatisierte Entschlüsselung durch den akkreditierten Diensteanbieter zum Zweck der Überprüfung auf Schadsoftware und zum Zweck der Weiterleitung an den Adressaten der De-Mail-Nachricht stattfindet.

(8) Die Einrichtung eines automatisierten Verfahrens, das den Abgleich geschützter Daten innerhalb einer Körperschaft, der eine Abgabe zusteht, oder zwischen verschiedenen Körperschaften, denen eine Abgabe zusteht, ermöglicht, ist zulässig, soweit die Weiterverarbeitung oder Offenbarung dieser Daten zulässig und dieses Verfahren unter Berücksichtigung der schutzwürdigen Interessen der betroffenen Person und der Aufgaben der beteiligten Körperschaften, denen eine Abgabe zusteht, angemessen ist.

(9) Die Körperschaften, denen eine Abgabe zusteht, dürfen sich bei der Verarbeitung geschützter Daten nur dann eines Auftragsverarbeiters im Sinne von Artikel 4 Nummer 8 der Verordnung (EU) 2016/679 bedienen, wenn diese Daten ausschließlich durch Personen verarbeitet werden, die zur Wahrung des Steuergeheimnisses verpflichtet sind.

(10) Die Offenbarung besonderer Kategorien personenbezogener Daten im Sinne des Artikels 9 Absatz 1 der Verordnung (EU) 2016/679 durch Körperschaften, denen eine Abgabe zusteht, an öffentliche oder nicht-öffentliche Stellen ist zulässig, wenn die Voraussetzungen der Absätze 4 oder 5 und ein Ausnahmetatbestand nach Artikel 9 Absatz 2 der Verordnung (EU) 2016/679 oder nach § 31c AO vorliegen.

(11) Wurden geschützte Daten

1. einer Person, die nicht zur Wahrung des Steuergeheimnisses verpflichtet ist,

2. einer öffentlichen Stelle, die keine Körperschaft, der die Abgabe zusteht, ist, oder

3. einer nicht-öffentlichen Stelle

nach den Absätzen 4 oder 5 offenbart, darf der Empfänger diese Daten nur zu dem Zweck speichern, verändern, nutzen oder übermitteln, zu dem sie ihm offenbart worden sind. Die Pflicht eines Amtsträgers oder einer ihm nach Absatz 3 gleichgestellten Person, dem oder der die geschützten Daten durch die Offenbarung bekannt geworden sind, zur Wahrung des Geheimnisses der kommunalen Steuern bleibt unberührt.

Anmerkung: § 12 Abs. 1 Nr. 1 Buchst. c) aa) KAG ordnet als Maßgabe für die entsprechende Anwendung des § 30 auf Kommunalabgaben ausdrücklich an, dass § 30 AO „nur für kommunale Steuern" gilt. Aus diesem Grund war entgegen der nachrangigen Anordnung in § 12 Abs. 4 b) KAG der Begriff der Steuer und der Steuern innerhalb des Normtextes des § 30 AO durchweg nicht durch den Begriff der Abgaben, sondern vielmehr durch den Begriff der „kommunalen Steuer(n)" zu ersetzen.

Ob etwa im Anwendungsbereich des § 12 Abs. 1 Nr. 1 Buchst c) KAG i.V.m. § 30 Abs. 2 Nr. 2 a) und b), Abs. 4 Nr. 4. a) und b) AO die Bezugnahme zutreffend auf Abgaben- oder Steuerstraftaten und -ordnungswidrigkeiten vorzunehmen ist, muss gleichwohl einer gesonderten Untersuchung im konkreten Anwendungsfall vorbehalten bleiben. Die Unsicherheiten, die sich aus der insoweit nicht präzisen Normenverweisung ergeben, dürfen materiellrechtlich in keinem Fall zum Nachteil des Normunterworfenen gereichen.

Haftungsbeschränkung für Amtsträger

§ 12 I Nr. 1 d) KAG i.V.m. § 32 AO: Haftungsbeschränkung für Amtsträger

Wird infolge der Amts- oder Dienstpflichtverletzung eines Amtsträgers

1. eine Abgabe oder eine abgabenrechtliche Nebenleistung nicht, zu niedrig oder zu spät festgesetzt, erhoben oder beigetrieben oder

2. eine Abgabenerstattung oder Abgabenvergütung zu Unrecht gewährt oder

3. eine Heranziehungsgrundlage oder eine Abgabenbeteiligung nicht, zu niedrig oder zu spät festgesetzt,

so kann er nur in Anspruch genommen werden, wenn die Amts- oder Dienstpflichtverletzung mit einer Strafe bedroht ist.

Abgabenpflichtiger

§ 12 I Nr. 2 a) KAG i.V.m. § 33 AO: Abgabenpflichtiger

(1) Abgabenpflichtiger ist, wer eine Abgabe schuldet, für eine Abgabe haftet, eine Abgabe für Rechnung eines Dritten einzubehalten und abzuführen hat, wer eine Steuererklärung abzugeben, Sicherheit zu leisten, Bücher und Aufzeichnungen zu führen oder andere ihm durch die Abgabengesetze auferlegte Verpflichtungen zu erfüllen hat.

(2) Abgabenpflichtiger ist nicht, wer in einer fremden Abgabensache Auskunft zu erteilen, Urkunden vorzulegen, ein Sachverständigengutachten zu erstatten oder das Betreten

von Grundstücken, Geschäfts- und Betriebsräumen zu gestatten hat.

§ 12 I Nr. 2 a) KAG i.V.m. § 34 AO: Pflichten der gesetzlichen Vertreter und der Vermögensverwalter

(1) Die gesetzlichen Vertreter natürlicher und juristischer Personen und die Geschäftsführer von nicht rechtsfähigen Personenvereinigungen und Vermögensmassen haben deren abgabenrechtliche Pflichten zu erfüllen. Sie haben insbesondere dafür zu sorgen, dass die Abgaben aus den Mitteln entrichtet werden, die sie verwalten.

(2) Soweit nicht rechtsfähige Personenvereinigungen ohne Geschäftsführer sind, haben die Mitglieder oder Gesellschafter die Pflichten im Sinne des Absatzes 1 zu erfüllen. Die Körperschaft, der die Abgabe zusteht, kann sich an jedes Mitglied oder jeden Gesellschafter halten. Für nicht rechtsfähige Vermögensmassen gelten die Sätze 1 und 2 mit der Maßgabe, dass diejenigen, denen das Vermögen zusteht, die abgabenrechtlichen Pflichten zu erfüllen haben.

(3) Steht eine Vermögensverwaltung anderen Personen als den Eigentümern des Vermögens oder deren gesetzlichen Vertretern zu, so haben die Vermögensverwalter die in Absatz 1 bezeichneten Pflichten, soweit ihre Verwaltung reicht.

§ 12 I Nr. 2 a) KAG i.V.m. § 35 AO: Pflichten des Verfügungsberechtigten

Wer als Verfügungsberechtigter im eigenen oder fremden Namen auftritt, hat die Pflichten eines gesetzlichen Vertreters

(§ 34 Abs. 1 AO), soweit er sie rechtlich und tatsächlich erfüllen kann.

§ 12 I Nr. 2 a) KAG i.V.m. § 36 AO: Erlöschen der Vertretungsmacht

Das Erlöschen der Vertretungsmacht oder der Verfügungsmacht lässt die nach den §§ 34 und 35 AO entstandenen Pflichten unberührt, soweit diese den Zeitraum betreffen, in dem die Vertretungsmacht oder Verfügungsmacht bestanden hat und soweit der Verpflichtete sie erfüllen kann.

Abgabenschuldverhältnis

§ 12 I Nr. 2 b) KAG i.V.m. § 37 AO: Ansprüche aus dem Abgabenschuldverhältnis

(1) Ansprüche aus dem Abgabenschuldverhältnis sind der Abgabenanspruch, der Abgabenvergütungsanspruch, der Haftungsanspruch, der Anspruch auf eine abgabenrechtliche Nebenleistung, der Erstattungsanspruch nach Absatz 2 sowie die in Einzelsteuergesetzen geregelten Abgabenerstattungsansprüche.

(2) Ist eine Abgabe, eine Abgabenvergütung, ein Haftungsbetrag oder eine abgabenrechtliche Nebenleistung ohne rechtlichen Grund gezahlt oder zurückgezahlt worden, so hat derjenige, auf dessen Rechnung die Zahlung bewirkt worden ist, an den Leistungsempfänger einen Anspruch auf Erstattung des gezahlten oder zurückgezahlten Betrags. Dies gilt auch dann, wenn der rechtliche Grund für die Zahlung oder Rückzahlung später wegfällt. Im Fall der Abtretung, Verpfändung

oder Pfändung richtet sich der Anspruch auch gegen den
Abtretenden, Verpfänder oder Pfändungsschuldner.

§ 12 I Nr. 2 b) KAG i.V.m. § 38 AO: Entstehung der Ansprüche aus dem Abgabenschuldverhältnis

Die Ansprüche aus dem Abgabenschuldverhältnis entstehen,
sobald der Tatbestand verwirklicht ist, an den das Gesetz die
Leistungspflicht knüpft.

§ 12 I Nr. 2 b) KAG i.V.m. § 39 AO: Zurechnung

(1) Wirtschaftsgüter sind dem Eigentümer zuzurechnen.

(2) Abweichend von Absatz 1 gelten die folgenden Vorschriften:

1. Übt ein anderer als der Eigentümer die tatsächliche Herr-
schaft über ein Wirtschaftsgut in der Weise aus, dass er den
Eigentümer im Regelfall für die gewöhnliche Nutzungsdauer
von der Einwirkung auf das Wirtschaftsgut wirtschaftlich aus-
schließen kann, so ist ihm das Wirtschaftsgut zuzurechnen.
Bei Treuhandverhältnissen sind die Wirtschaftsgüter dem
Treugeber, beim Sicherungseigentum dem Sicherungsgeber
und beim Eigenbesitz dem Eigenbesitzer zuzurechnen.

2. Wirtschaftsgüter, die mehreren zur gesamten Hand zu-
stehen, werden den Beteiligten anteilig zugerechnet, soweit
eine getrennte Zurechnung für die Heranziehung zu Abgaben
erforderlich ist.

§ 12 I Nr. 2 b) KAG i.V.m. § 40 AO: Gesetz- oder sittenwidriges Handeln

Für die Heranziehung zu Abgaben ist es unerheblich, ob ein Verhalten, das den Tatbestand eines Abgabengesetzes ganz oder zum Teil erfüllt, gegen ein gesetzliches Gebot oder Verbot oder gegen die guten Sitten verstößt.

§ 12 I Nr. 2 b) KAG i.V.m. § 41 AO: Unwirksame Rechtsgeschäfte

(1) Ist ein Rechtsgeschäft unwirksam oder wird es unwirksam, so ist dies für die Heranziehung zu Abgaben unerheblich, soweit und solange die Beteiligten das wirtschaftliche Ergebnis dieses Rechtsgeschäfts gleichwohl eintreten und bestehen lassen. Dies gilt nicht, soweit sich aus den Abgabengesetzen etwas anderes ergibt.

(2) Scheingeschäfte und Scheinhandlungen sind für die Heranziehung zu Abgaben unerheblich. Wird durch ein Scheingeschäft ein anderes Rechtsgeschäft verdeckt, so ist das verdeckte Rechtsgeschäft für die Heranziehung zu Abgaben maßgebend.

§ 12 I Nr. 2 b) KAG i.V.m. § 42 AO: Missbrauch von rechtlichen Gestaltungsmöglichkeiten

(1) Durch Missbrauch von Gestaltungsmöglichkeiten des Rechts kann das Abgabengesetz nicht umgangen werden. Ist der Tatbestand einer Regelung in einem Einzelsteuergesetz erfüllt, die der Verhinderung von Abgabenumgehungen dient, so bestimmen sich die Rechtsfolgen nach jener Vorschrift. Anderenfalls entsteht der Abgabenanspruch beim Vorliegen

eines Missbrauchs im Sinne des Absatzes 2 so, wie er bei einer den wirtschaftlichen Vorgängen angemessenen rechtlichen Gestaltung entsteht.

(2) Ein Missbrauch liegt vor, wenn eine unangemessene rechtliche Gestaltung gewählt wird, die beim Abgabenpflichtigen oder einem Dritten im Vergleich zu einer angemessenen Gestaltung zu einem gesetzlich nicht vorgesehenen Abgabenvorteil führt. Dies gilt nicht, wenn der Abgabenpflichtige für die gewählte Gestaltung außerabgabenrechtliche Gründe nachweist, die nach dem Gesamtbild der Verhältnisse beachtlich sind.

§ 12 I Nr. 2 b) KAG i.V.m. § 43 AO: Abgabenschuldner, Abgabenvergütungsgläubiger

Die Abgabengesetze bestimmen, wer Abgabenschuldner oder Gläubiger einer Abgabenvergütung ist. Sie bestimmen auch, ob ein Dritter die Abgaben für Rechnung des Abgabenschuldners zu entrichten hat.

§ 12 I Nr. 2 b) KAG i.V.m. § 44 AO: Gesamtschuldner

(1) Personen, die nebeneinander dieselbe Leistung aus dem Abgabenschuldverhältnis schulden oder für sie haften oder die zusammen zu einer Abgabe zu veranlagen sind, sind Gesamtschuldner. Soweit nichts anderes bestimmt ist, schuldet jeder Gesamtschuldner die gesamte Leistung.

(2) Die Erfüllung durch einen Gesamtschuldner wirkt auch für die übrigen Schuldner. Das Gleiche gilt für die Aufrechnung und für eine geleistete Sicherheit. Andere Tatsachen wirken

nur für und gegen den Gesamtschuldner, in dessen Person sie eintreten. Die Vorschriften der §§ 268 bis 280 AO über die Beschränkung der Vollstreckung in den Fällen der Zusammenveranlagung bleiben unberührt.

§ 12 I Nr. 2 b) KAG i.V.m. § 45 AO: Gesamtrechtsnachfolge

(1) Bei Gesamtrechtsnachfolge gehen die Forderungen und Schulden aus dem Abgabenschuldverhältnis auf den Rechtsnachfolger über. Dies gilt jedoch bei der Erbfolge nicht für Zwangsgelder.

(2) Erben haben für die aus dem Nachlass zu entrichtenden Schulden nach den Vorschriften des bürgerlichen Rechts über die Haftung des Erben für Nachlassverbindlichkeiten einzustehen. Vorschriften, durch die eine abgabenrechtliche Haftung der Erben begründet wird, bleiben unberührt.

§ 12 I Nr. 2 b) KAG i.V.m. § 46 AO: Abtretung, Verpfändung, Pfändung

(1) Ansprüche auf Erstattung von Abgaben, Haftungsbeträgen, abgabenrechtlichen Nebenleistungen und auf Abgabenvergütungen können abgetreten, verpfändet und gepfändet werden.

(2) Die Abtretung wird jedoch erst wirksam, wenn sie der Gläubiger in der nach Absatz 3 vorgeschriebenen Form der zuständigen Körperschaft nach Entstehung des Anspruchs anzeigt.

(3) Die Abtretung ist der zuständigen Körperschaft unter Angabe des Abtretenden, des Abtretungsempfängers sowie der Art und Höhe des abgetretenen Anspruchs und des Abtre-

tungsgrundes auf einem amtlich vorgeschriebenen Vordruck anzuzeigen. Die Anzeige ist vom Abtretenden und vom Abtretungsempfänger zu unterschreiben.

(4) Der geschäftsmäßige Erwerb von Erstattungs- oder Vergütungsansprüchen zum Zweck der Einziehung oder sonstigen Verwertung auf eigene Rechnung ist nicht zulässig. Dies gilt nicht für die Fälle der Sicherungsabtretung. Zum geschäftsmäßigen Erwerb und zur geschäftsmäßigen Einziehung der zur Sicherung abgetretenen Ansprüche sind nur Unternehmen befugt, denen das Betreiben von Bankgeschäften erlaubt ist.

(5) Wird der Körperschaft, der die Abgabe zusteht, die Abtretung angezeigt, so müssen Abtretender und Abtretungsempfänger dieser Körperschaft gegenüber die angezeigte Abtretung gegen sich gelten lassen, auch wenn sie nicht erfolgt oder nicht wirksam oder wegen Verstoßes gegen Absatz 4 nichtig ist.

(6) Ein Pfändungs- und Überweisungsbeschluss oder eine Pfändungs- und Einziehungsverfügung dürfen nicht erlassen werden, bevor der Anspruch entstanden ist. Ein entgegen diesem Verbot erwirkter Pfändungs- und Überweisungsbeschluss oder erwirkte Pfändungs- und Einziehungsverfügung sind nichtig. Die Vorschriften der Absätze 2 bis 5 sind auf die Verpfändung sinngemäß anzuwenden.

(7) Bei Pfändung eines Erstattungs- oder Vergütungsanspruchs gilt die Körperschaft, die über den Anspruch entschieden oder zu entscheiden hat, als Drittschuldner im Sinne der §§ 829, 845 der Zivilprozessordnung.

§ 12 I Nr. 2 b) KAG i.V.m. § 47 AO: Erlöschen

Ansprüche aus dem Abgabenschuldverhältnis erlöschen insbesondere durch Zahlung (§§ 224, 224a, 225 AO), Aufrechnung (§ 226 AO), Erlass (§§ 163, 227 AO), Verjährung (§§ 169 bis 171, §§ 228 bis 232 AO), ferner durch Eintritt der Bedingung bei auflösend bedingten Ansprüchen.

§ 12 I Nr. 2 b) KAG i.V.m. § 48 AO: Leistung durch Dritte, Haftung Dritter

(1) Leistungen aus dem Abgabenschuldverhältnis gegenüber der Körperschaft, der die Abgabe zusteht, können auch durch Dritte bewirkt werden.

(2) Dritte können sich vertraglich verpflichten, für Leistungen im Sinne des Absatzes 1 einzustehen.

§ 12 I Nr. 2 b) KAG i.V.m. § 49 AO: Verschollenheit

Bei Verschollenheit gilt für die Heranziehung zu Abgaben der Tag als Todestag, mit dessen Ablauf der Beschluss über die Todeserklärung des Verschollenen rechtskräftig wird.

Begünstigte Zwecke

§ 12 I Nr. 2 c) KAG i.V.m. § 51 AO: Abgabenbegünstigte Zwecke

(1) Gewährt das Gesetz eine Abgabenvergünstigung, weil eine Körperschaft ausschließlich und unmittelbar gemeinnützige, mildtätige oder kirchliche Zwecke (abgabenbegünstigte Zwecke) verfolgt, so gelten die folgenden Vorschriften. Unter Körperschaften sind die Körperschaften, Personenvereinigun-

gen und Vermögensmassen im Sinne des Körperschaftsteuergesetzes zu verstehen. Funktionale Untergliederungen (Abteilungen) von Körperschaften gelten nicht als selbstständige Abgabensubjekte.

(2) Werden die abgabenbegünstigten Zwecke im Ausland verwirklicht, setzt die Abgabenvergünstigung voraus, dass natürliche Personen, die ihren Wohnsitz oder ihren gewöhnlichen Aufenthalt im Geltungsbereich dieses Gesetzes haben, gefördert werden oder die Tätigkeit der Körperschaft neben der Verwirklichung der abgabenbegünstigten Zwecke auch zum Ansehen der Bundesrepublik Deutschland im Ausland beitragen kann.

(3) Eine Abgabenvergünstigung setzt zudem voraus, dass die Körperschaft nach ihrer Satzung und bei ihrer tatsächlichen Geschäftsführung keine Bestrebungen im Sinne des § 4 des Bundesverfassungsschutzgesetzes fördert und dem Gedanken der Völkerverständigung nicht zuwiderhandelt. Bei Körperschaften, die im Verfassungsschutzbericht des Bundes oder eines Landes als extremistische Organisation aufgeführt sind, ist widerlegbar davon auszugehen, dass die Voraussetzungen des Satzes 1 nicht erfüllt sind. Die Körperschaft, der die Abgabe zusteht, teilt Tatsachen, die den Verdacht von Bestrebungen im Sinne des § 4 des Bundesverfassungsschutzgesetzes oder des Zuwiderhandelns gegen den Gedanken der Völkerverständigung begründen, der Verfassungsschutzbehörde mit.

§ 12 I Nr. 2 c) KAG i.V.m. § 52 AO: Gemeinnützige Zwecke

(1) Eine Körperschaft verfolgt gemeinnützige Zwecke, wenn ihre Tätigkeit darauf gerichtet ist, die Allgemeinheit auf mate-

riellem, geistigem oder sittlichem Gebiet selbstlos zu fördern. Eine Förderung der Allgemeinheit ist nicht gegeben, wenn der Kreis der Personen, dem die Förderung zugute kommt, fest abgeschlossen ist, zum Beispiel Zugehörigkeit zu einer Familie oder zur Belegschaft eines Unternehmens, oder infolge seiner Abgrenzung, insbesondere nach räumlichen oder beruflichen Merkmalen, dauernd nur klein sein kann. Eine Förderung der Allgemeinheit liegt nicht allein deswegen vor, weil eine Körperschaft ihre Mittel einer Körperschaft des öffentlichen Rechts zuführt.

(2) Unter den Voraussetzungen des Absatzes 1 sind als Förderung der Allgemeinheit anzuerkennen:

1. die Förderung von Wissenschaft und Forschung;

2. die Förderung der Religion;

3. die Förderung des öffentlichen Gesundheitswesens und der öffentlichen Gesundheitspflege, insbesondere die Verhütung und Bekämpfung von übertragbaren Krankheiten, auch durch Krankenhäuser im Sinne des § 67 AO, und von Tierseuchen;

4. die Förderung der Jugend- und Altenhilfe;

5. die Förderung von Kunst und Kultur;

6. die Förderung des Denkmalschutzes und der Denkmalpflege;

7. die Förderung der Erziehung, Volks- und Berufsbildung einschließlich der Studentenhilfe;

8. die Förderung des Naturschutzes und der Landschaftspflege im Sinne des Bundesnaturschutzgesetzes und der Naturschutzgesetze der Länder, des Umweltschutzes einschließlich des Klimaschutzes, des Küstenschutzes und des Hochwasserschutzes;

9. die Förderung des Wohlfahrtswesens, insbesondere der Zwecke der amtlich anerkannten Verbände der freien Wohlfahrtspflege (§ 23 der Umsatzsteuer-Durchführungsverordnung), ihrer Unterverbände und ihrer angeschlossenen Einrichtungen und Anstalten;

10. die Förderung der Hilfe für politisch, rassistisch oder religiös Verfolgte, für Flüchtlinge, Vertriebene, Aussiedler, Spätaussiedler, Kriegsopfer, Kriegshinterbliebene, Kriegsbeschädigte und Kriegsgefangene, Zivilbeschädigte und Behinderte sowie Hilfe für Opfer von Straftaten; Förderung des Andenkens an Verfolgte, Kriegs- und Katastrophenopfer; Förderung des Suchdienstes für Vermisste, Förderung der Hilfe für Menschen, die auf Grund ihrer geschlechtlichen Identität oder ihrer geschlechtlichen Orientierung diskriminiert werden;

11. die Förderung der Rettung aus Lebensgefahr;

12. die Förderung des Feuer-, Arbeits-, Katastrophen- und Zivilschutzes sowie der Unfallverhütung;

13. die Förderung internationaler Gesinnung, der Toleranz auf allen Gebieten der Kultur und des Völkerverständigungsgedankens;

14. die Förderung des Tierschutzes;

15. die Förderung der Entwicklungszusammenarbeit;

16. die Förderung von Verbraucherberatung und Verbraucherschutz;

17. die Förderung der Fürsorge für Strafgefangene und ehemalige Strafgefangene;

18. die Förderung der Gleichberechtigung von Frauen und Männern;

19. die Förderung des Schutzes von Ehe und Familie;

20. die Förderung der Kriminalprävention;

21. die Förderung des Sports (Schach gilt als Sport);

22. die Förderung der Heimatpflege, Heimatkunde und der Ortsverschönerung;

23. die Förderung der Tierzucht, der Pflanzenzucht, der Kleingärtnerei, des traditionellen Brauchtums einschließlich des Karnevals, der Fastnacht und des Faschings, der Soldaten- und Reservistenbetreuung, des Amateurfunkens, des Freifunks, des Modellflugs und des Hundesports;

24. die allgemeine Förderung des demokratischen Staatswesens im Geltungsbereich dieses Gesetzes; hierzu gehören nicht Bestrebungen, die nur bestimmte Einzelinteressen staatsbürgerlicher Art verfolgen oder die auf den kommunalpolitischen Bereich beschränkt sind;

25. die Förderung des bürgerschaftlichen Engagements zugunsten gemeinnütziger, mildtätiger und kirchlicher Zwecke;

26. die Förderung der Unterhaltung und Pflege von Friedhöfen und die Förderung der Unterhaltung von Gedenkstätten für nichtbestattungspflichtige Kinder und Föten.

Sofern der von der Körperschaft verfolgte Zweck nicht unter Satz 1 fällt, aber die Allgemeinheit auf materiellem, geistigem oder sittlichem Gebiet entsprechend selbstlos gefördert wird, kann dieser Zweck für gemeinnützig erklärt werden. Die obersten Finanzbehörden der Länder haben jeweils eine Finanzbehörde im Sinne des Finanzverwaltungsgesetzes zu bestimmen, die für Entscheidungen nach Satz 2 zuständig ist.

§ 12 I Nr. 2 c) KAG i.V.m. § 53 AO: Mildtätige Zwecke

Eine Körperschaft verfolgt mildtätige Zwecke, wenn ihre Tätigkeit darauf gerichtet ist, Personen selbstlos zu unterstützen,

1. die infolge ihres körperlichen, geistigen oder seelischen Zustands auf die Hilfe anderer angewiesen sind oder

2. deren Bezüge nicht höher sind als das Vierfache des Regelsatzes der Sozialhilfe im Sinne des § 28 des Zwölften Buches Sozialgesetzbuch; beim Alleinstehenden oder Alleinerziehenden tritt an die Stelle des Vierfachen das Fünffache des Regelsatzes. Dies gilt nicht für Personen, deren Vermögen zur nachhaltigen Verbesserung ihres Unterhalts ausreicht und denen zugemutet werden kann, es dafür zu verwenden. Bei Personen, deren wirtschaftliche Lage aus besonderen Gründen zu einer Notlage geworden ist, dürfen die Bezüge oder das Vermögen die genannten Grenzen übersteigen. Bezüge im Sinne dieser Vorschrift sind

a) Einkünfte im Sinne des § 2 Abs. 1 des Einkommensteuergesetzes und

b) andere zur Bestreitung des Unterhalts bestimmte oder geeignete Bezüge,

aller Haushaltsangehörigen. Zu berücksichtigen sind auch gezahlte und empfangene Unterhaltsleistungen. Die wirtschaftliche Hilfebedürftigkeit im vorstehenden Sinne ist bei Empfängern von Leistungen nach dem Zweiten oder Zwölften Buch Sozialgesetzbuch, des Wohngeldgesetzes, bei Empfängern von Leistungen nach § 27a des Bundesversorgungsgesetzes oder nach § 6a des Bundeskindergeldgesetzes als nachgewiesen anzusehen. Die Körperschaft kann den Nachweis mit Hilfe des jeweiligen Leistungsbescheids, der für den

Unterstützungszeitraum maßgeblich ist, oder mit Hilfe der Bestätigung des Sozialleistungsträgers führen. Auf Antrag der Körperschaft kann auf einen Nachweis der wirtschaftlichen Hilfebedürftigkeit verzichtet werden, wenn auf Grund der besonderen Art der gewährten Unterstützungsleistung sichergestellt ist, dass nur wirtschaftlich hilfebedürftige Personen im vorstehenden Sinne unterstützt werden; für den Bescheid über den Nachweisverzicht gilt § 60a Absatz 3 bis 5 AO entsprechend.

§ 12 I Nr. 2 c) KAG i.V.m. § 54 AO: Kirchliche Zwecke

(1) Eine Körperschaft verfolgt kirchliche Zwecke, wenn ihre Tätigkeit darauf gerichtet ist, eine Religionsgemeinschaft, die Körperschaft des öffentlichen Rechts ist, selbstlos zu fördern.

(2) Zu diesen Zwecken gehören insbesondere die Errichtung, Ausschmückung und Unterhaltung von Gotteshäusern und kirchlichen Gemeindehäusern, die Abhaltung von Gottesdiensten, die Ausbildung von Geistlichen, die Erteilung von Religionsunterricht, die Beerdigung und die Pflege des Andenkens der Toten, ferner die Verwaltung des Kirchenvermögens, die Besoldung der Geistlichen, Kirchenbeamten und Kirchendiener, die Alters- und Behindertenversorgung für diese Personen und die Versorgung ihrer Witwen und Waisen.

§ 12 I Nr. 2 c) KAG i.V.m. § 55 AO: Selbstlosigkeit

(1) Eine Förderung oder Unterstützung geschieht selbstlos, wenn dadurch nicht in erster Linie eigenwirtschaftliche Zwecke - zum Beispiel gewerbliche Zwecke oder sonstige Er-

werbszwecke - verfolgt werden und wenn die folgenden Voraussetzungen gegeben sind:

1. Mittel der Körperschaft dürfen nur für die satzungsmäßigen Zwecke verwendet werden. Die Mitglieder oder Gesellschafter (Mitglieder im Sinne dieser Vorschriften) dürfen keine Gewinnanteile und in ihrer Eigenschaft als Mitglieder auch keine sonstigen Zuwendungen aus Mitteln der Körperschaft erhalten. Die Körperschaft darf ihre Mittel weder für die unmittelbare noch für die mittelbare Unterstützung oder Förderung politischer Parteien verwenden.

2. Die Mitglieder dürfen bei ihrem Ausscheiden oder bei Auflösung oder Aufhebung der Körperschaft nicht mehr als ihre eingezahlten Kapitalanteile und den gemeinen Wert ihrer geleisteten Sacheinlagen zurückerhalten.

3. Die Körperschaft darf keine Person durch Ausgaben, die dem Zweck der Körperschaft fremd sind, oder durch unverhältnismäßig hohe Vergütungen begünstigen.

4. Bei Auflösung oder Aufhebung der Körperschaft oder bei Wegfall ihres bisherigen Zwecks darf das Vermögen der Körperschaft, soweit es die eingezahlten Kapitalanteile der Mitglieder und den gemeinen Wert der von den Mitgliedern geleisteten Sacheinlagen übersteigt, nur für abgabenbegünstigte Zwecke verwendet werden (Grundsatz der Vermögensbindung). Diese Voraussetzung ist auch erfüllt, wenn das Vermögen einer anderen abgabenbegünstigten Körperschaft oder einer juristischen Person des öffentlichen Rechts für abgabenbegünstigte Zwecke übertragen werden soll.

5. Die Körperschaft muss ihre Mittel vorbehaltlich des § 62 AO grundsätzlich zeitnah für ihre abgabenbegünstigten satzungsmäßigen Zwecke verwenden. Verwendung in diesem Sinne ist auch die Verwendung der Mittel für die Anschaffung oder Herstellung von Vermögensgegenständen, die satzungs-

mäßigen Zwecken dienen. Eine zeitnahe Mittelverwendung ist gegeben, wenn die Mittel spätestens in den auf den Zufluss folgenden zwei Kalender- oder Wirtschaftsjahren für die abgabenbegünstigten satzungsmäßigen Zwecke verwendet werden. Satz 1 gilt nicht für Körperschaften mit jährlichen Einnahmen von nicht mehr als 45 000 Euro.

(2) Bei der Ermittlung des gemeinen Werts (Absatz 1 Nr. 2 und 4) kommt es auf die Verhältnisse zu dem Zeitpunkt an, in dem die Sacheinlagen geleistet worden sind.

(3) Die Vorschriften, die die Mitglieder der Körperschaft betreffen (Absatz 1 Nr. 1, 2 und 4), gelten bei Stiftungen für die Stifter und ihre Erben, bei Betrieben gewerblicher Art von juristischen Personen des öffentlichen Rechts für die Körperschaft sinngemäß, jedoch mit der Maßgabe, dass bei Wirtschaftsgütern, die nach § 6 Absatz 1 Nummer 4 Satz 4 des Einkommensteuergesetzes aus einem Betriebsvermögen zum Buchwert entnommen worden sind, an die Stelle des gemeinen Werts der Buchwert der Entnahme tritt.

§ 12 I Nr. 2 c) KAG i.V.m. § 56 AO: Ausschließlichkeit

Ausschließlichkeit liegt vor, wenn eine Körperschaft nur ihre abgabenbegünstigten satzungsmäßigen Zwecke verfolgt.

§ 12 I Nr. 2 c) KAG i.V.m. § 57 AO: Unmittelbarkeit

(1) Eine Körperschaft verfolgt unmittelbar ihre abgabenbegünstigten satzungsmäßigen Zwecke, wenn sie selbst diese Zwecke verwirklicht. Das kann auch durch Hilfspersonen geschehen, wenn nach den Umständen des Falls, insbesondere

nach den rechtlichen und tatsächlichen Beziehungen, die
zwischen der Körperschaft und der Hilfsperson bestehen, das
Wirken der Hilfsperson wie eigenes Wirken der Körperschaft
anzusehen ist.

(2) Eine Körperschaft, in der abgabenbegünstigte Körperschaften zusammengefasst sind, wird einer Körperschaft, die
unmittelbar abgabenbegünstigte Zwecke verfolgt, gleichgestellt.

(3) Eine Körperschaft verfolgt ihre abgabenbegünstigten
Zwecke auch dann unmittelbar im Sinne des Absatzes 1 Satz
1, wenn sie satzungsgemäß durch planmäßiges Zusammenwirken mit mindestens einer weiteren Körperschaft, die im
Übrigen die Voraussetzungen der §§ 51 bis 68 erfüllt, einen
abgabenbegünstigten Zweck verwirklicht. Die §§ 14 sowie 65
bis 68 sind mit der Maßgabe anzuwenden, dass für das Vorliegen der Eigenschaft als Zweckbetrieb bei der jeweiligen
Körperschaft die Tätigkeiten der nach Satz 1 zusammenwir-
kenden Körperschaften zusammenzufassen sind.

(4) Eine Körperschaft verfolgt ihre abgabenbegünstigten
Zwecke auch dann unmittelbar im Sinne des Absatzes 1 Satz
1, wenn sie ausschließlich Anteile an abgabenbegünstigten
Kapitalgesellschaften hält und verwaltet.

§ 12 I Nr. 2 c) KAG i.V.m. § 58 AO: abgaben-
rechtlich unschädliche Betätigungen

Die Abgabenvergünstigung wird nicht dadurch ausgeschlossen, dass

1. eine Körperschaft einer anderen Körperschaft oder einer
juristischen Person des öffentlichen Rechts Mittel für die Verwirklichung abgabenbegünstigter Zwecke zuwendet. Die Zu-

wendung von Mitteln an eine beschränkt oder unbeschränkt abgabenpflichtige Körperschaft des privaten Rechts setzt voraus, dass diese selbst abgabenbegünstigt ist. Beabsichtigt die Körperschaft, als einzige Art der Zweckverwirklichung Mittel anderen Körperschaften oder juristischen Personen des öffentlichen Rechts zuzuwenden, ist die Mittelweitergabe als Art der Zweckverwirklichung in der Satzung zu benennen,

2. (aufgehoben)

3. eine Körperschaft ihre Überschüsse der Einnahmen über die Ausgaben aus der Vermögensverwaltung, ihre Gewinne aus den wirtschaftlichen Geschäftsbetrieben ganz oder teilweise und darüber hinaus höchstens 15 Prozent ihrer sonstigen nach § 55 Absatz 1 Nummer 5 AO zeitnah zu verwendenden Mittel einer anderen abgabenbegünstigten Körperschaft oder einer juristischen Person des öffentlichen Rechts zur Vermögensausstattung zuwendet. Die aus den Vermögenserträgen zu verwirklichenden abgabenbegünstigten Zwecke müssen den abgabenbegünstigten satzungsmäßigen Zwecken der zuwendenden Körperschaft entsprechen. Die nach dieser Nummer zugewandten Mittel und deren Erträge dürfen nicht für weitere Mittelweitergaben im Sinne des ersten Satzes verwendet werden,

4. eine Körperschaft ihre Arbeitskräfte anderen Personen, Unternehmen, Einrichtungen oder einer juristischen Person des öffentlichen Rechts für abgabenbegünstigte Zwecke zur Verfügung stellt,

5. eine Körperschaft ihr gehörende Räume einer anderen, ebenfalls abgabenbegünstigten Körperschaft oder einer juristischen Person des öffentlichen Rechts zur Nutzung zu abgabenbegünstigten Zwecken überlässt,

6. eine Stiftung einen Teil, jedoch höchstens ein Drittel ihres Einkommens dazu verwendet, um in angemessener Weise den Stifter und seine nächsten Angehörigen zu unterhalten, ihre Gräber zu pflegen und ihr Andenken zu ehren,

7. eine Körperschaft gesellige Zusammenkünfte veranstaltet, die im Vergleich zu ihrer abgabenbegünstigten Tätigkeit von untergeordneter Bedeutung sind,

8. ein Sportverein neben dem unbezahlten auch den bezahlten Sport fördert,

9. eine von einer Gebietskörperschaft errichtete Stiftung zur Erfüllung ihrer abgabenbegünstigten Zwecke Zuschüsse an Wirtschaftsunternehmen vergibt,

10. eine Körperschaft Mittel zum Erwerb von Gesellschaftsrechten zur Erhaltung der prozentualen Beteiligung an Kapitalgesellschaften im Jahr des Zuflusses verwendet. Dieser Erwerb mindert die Höhe der Rücklage nach § 62 Absatz 1 Nummer 3 AO.

§ 12 I Nr. 2 c) KAG i.V.m. § 59 AO: Voraussetzung der Abgabenvergünstigung

Die Abgabenvergünstigung wird gewährt, wenn sich aus der Satzung, dem Stiftungsgeschäft oder der sonstigen Verfassung (Satzung im Sinne dieser Vorschriften) ergibt, welchen Zweck die Körperschaft verfolgt, dass dieser Zweck den Anforderungen der §§ 52 bis 55 AO entspricht und dass er ausschließlich und unmittelbar verfolgt wird; die tatsächliche Geschäftsführung muss diesen Satzungsbestimmungen entsprechen.

§ 12 I Nr. 2 c) KAG i.V.m. § 60 AO: Anforderungen an die Satzung

(1) Die Satzungszwecke und die Art ihrer Verwirklichung müssen so genau bestimmt sein, dass auf Grund der Satzung geprüft werden kann, ob die satzungsmäßigen Voraussetzungen für Abgabenvergünstigungen gegeben sind. Die Satzung muss die in der Anlage 1 bezeichneten Festlegungen enthalten.

(2) Die Satzung muss den vorgeschriebenen Erfordernissen bei der Körperschaftsteuer und bei der Gewerbesteuer während des ganzen Veranlagungs- oder Bemessungszeitraums, bei den anderen Abgaben im Zeitpunkt der Entstehung der Abgaben entsprechen.

§ 12 I Nr. 2 c) KAG i.V.m. § 60a AO: Feststellung der satzungsmäßigen Voraussetzungen

(1) Die Einhaltung der satzungsmäßigen Voraussetzungen nach den §§ 51, 59, 60 und 61 AO wird gesondert festgestellt. Die Feststellung der Satzungsmäßigkeit ist für die Heranziehung zu Abgaben der Körperschaft und der Abgabenpflichtigen, die Zuwendungen in Form von Spenden und Mitgliedsbeiträgen an die Körperschaft erbringen, bindend.

(2) Die Feststellung der Satzungsmäßigkeit erfolgt

1. auf Antrag der Körperschaft oder

2. von Amts wegen bei der Veranlagung zur Körperschaftsteuer, wenn bisher noch keine Feststellung erfolgt ist.

(3) Die Bindungswirkung der Feststellung entfällt ab dem Zeitpunkt, in dem die Rechtsvorschriften, auf denen die Feststellung beruht, aufgehoben oder geändert werden.

(4) Tritt bei den für die Feststellung erheblichen Verhältnissen eine Änderung ein, ist die Feststellung mit Wirkung vom Zeitpunkt der Änderung der Verhältnisse aufzuheben.

(5) Materielle Fehler im Feststellungsbescheid über die Satzungsmäßigkeit können mit Wirkung ab dem Kalenderjahr beseitigt werden, das auf die Bekanntgabe der Aufhebung der Feststellung folgt. § 176 AO gilt entsprechend, außer es sind Kalenderjahre zu ändern, die nach der Verkündung der maßgeblichen Entscheidung eines obersten Gerichtshofes des Bundes beginnen.

(6) Liegen bis zum Zeitpunkt des Erlasses des erstmaligen Körperschaftssteuerbescheids oder Freistellungsbescheids bereits Erkenntnisse vor, dass die tatsächliche Geschäftsführung gegen die satzungsmäßigen Voraussetzungen verstößt, ist die Feststellung der Einhaltung der satzungsmäßigen Voraussetzungen nach Absatz 1 Satz 1 abzulehnen. Satz 1 gilt entsprechend für die Aufhebung bestehender Feststellungen nach § 60a AO.

§ 12 I Nr. 2 c) KAG i.V.m. § 61 AO: Satzungsmäßige Vermögensbindung

(1) Eine abgabenrechtlich ausreichende Vermögensbindung (§ 55 Abs. 1 Nr. 4 AO) liegt vor, wenn der Zweck, für den das Vermögen bei Auflösung oder Aufhebung der Körperschaft oder bei Wegfall ihres bisherigen Zwecks verwendet werden soll, in der Satzung so genau bestimmt ist, dass auf Grund der Satzung geprüft werden kann, ob der Verwendungszweck abgabenbegünstigt ist.

(2) (weggefallen)

(3) Wird die Bestimmung über die Vermögensbindung nachträglich so geändert, dass sie den Anforderungen des § 55 Abs. 1 Nr. 4 AO nicht mehr entspricht, so gilt sie von Anfang an als abgabenrechtlich nicht ausreichend. § 175 Abs. 1 Satz 1 Nr. 2 AO ist mit der Maßgabe anzuwenden, dass Abgabenbescheide erlassen, aufgehoben oder geändert werden können, soweit sie Abgaben betreffen, die innerhalb der letzten zehn Kalenderjahre vor der Änderung der Bestimmung über die Vermögensbindung entstanden sind.

§ 12 I Nr. 2 c) KAG i.V.m. § 62 AO: Rücklagen und Vermögensbildung

(1) Körperschaften können ihre Mittel ganz oder teilweise

1. einer Rücklage zuführen, soweit dies erforderlich ist, um ihre abgabenbegünstigten, satzungsmäßigen Zwecke nachhaltig zu erfüllen;

2. einer Rücklage für die beabsichtigte Wiederbeschaffung von Wirtschaftsgütern zuführen, die zur Verwirklichung der abgabenbegünstigten, satzungsmäßigen Zwecke erforderlich sind (Rücklage für Wiederbeschaffung). Die Höhe der Zuführung bemisst sich nach der Höhe der regulären Absetzungen für Abnutzung eines zu ersetzenden Wirtschaftsguts. Die Voraussetzungen für eine höhere Zuführung sind nachzuweisen;

3. der freien Rücklage zuführen, jedoch höchstens ein Drittel des Überschusses aus der Vermögensverwaltung und darüber hinaus höchstens 10 Prozent der sonstigen nach § 55 Absatz 1 Nummer 5 AO zeitnah zu verwendenden Mittel. Ist der Höchstbetrag für die Bildung der freien Rücklage in einem

Jahr nicht ausgeschöpft, kann diese unterbliebene Zuführung in den folgenden zwei Jahren nachgeholt werden;

4. einer Rücklage zum Erwerb von Gesellschaftsrechten zur Erhaltung der prozentualen Beteiligung an Kapitalgesellschaften zuführen, wobei die Höhe dieser Rücklage die Höhe der Rücklage nach Nummer 3 mindert.

(2) Die Bildung von Rücklagen nach Absatz 1 hat innerhalb der Frist des § 55 Absatz 1 Nummer 5 Satz 3 AO zu erfolgen. Rücklagen nach Absatz 1 Nummer 1, 2 und 4 sind unverzüglich aufzulösen, sobald der Grund für die Rücklagenbildung entfallen ist. Die freigewordenen Mittel sind innerhalb der Frist nach § 55 Absatz 1 Nummer 5 Satz 3 AO zu verwenden.

(3) Die folgenden Mittelzuführungen unterliegen nicht der zeitnahen Mittelverwendung nach § 55 Absatz 1 Nummer 5 AO:

1. Zuwendungen von Todes wegen, wenn der Erblasser keine Verwendung für den laufenden Aufwand der Körperschaft vorgeschrieben hat;

2. Zuwendungen, bei denen der Zuwendende ausdrücklich erklärt, dass diese zur Ausstattung der Körperschaft mit Vermögen oder zur Erhöhung des Vermögens bestimmt sind;

3. Zuwendungen auf Grund eines Spendenaufrufs der Körperschaft, wenn aus dem Spendenaufruf ersichtlich ist, dass Beträge zur Aufstockung des Vermögens erbeten werden;

4. Sachzuwendungen, die ihrer Natur nach zum Vermögen gehören.

(4) Eine Stiftung kann im Jahr ihrer Errichtung und in den drei folgenden Kalenderjahren Überschüsse aus der Vermögensverwaltung und die Gewinne aus wirtschaftlichen Ge-

schäftsbetrieben nach § 14 AO ganz oder teilweise ihrem Vermögen zuführen.

§ 12 I Nr. 2 c) KAG i.V.m. § 63 AO: Anforderungen an die tatsächliche Geschäftsführung

(1) Die tatsächliche Geschäftsführung der Körperschaft muss auf die ausschließliche und unmittelbare Erfüllung der abgabenbegünstigten Zwecke gerichtet sein und den Bestimmungen entsprechen, die die Satzung über die Voraussetzungen für Abgabenvergünstigungen enthält.

(2) Für die tatsächliche Geschäftsführung gilt sinngemäß § 60 Abs. 2 AO, für eine Verletzung der Vorschrift über die Vermögensbindung § 61 Abs. 3 AO.

(3) Die Körperschaft hat den Nachweis, dass ihre tatsächliche Geschäftsführung den Erfordernissen des Absatzes 1 entspricht, durch ordnungsmäßige Aufzeichnungen über ihre Einnahmen und Ausgaben zu führen.

(4) Hat die Körperschaft ohne Vorliegen der Voraussetzungen Mittel angesammelt, kann die Körperschaft, der die Abgabe zusteht, ihr eine angemessene Frist für die Verwendung der Mittel setzen. Die tatsächliche Geschäftsführung gilt als ordnungsgemäß im Sinne des Absatzes 1, wenn die Körperschaft die Mittel innerhalb der Frist für abgabenbegünstigte Zwecke verwendet.

(5) Körperschaften im Sinne des § 10b Absatz 1 Satz 2 Nummer 2 des Einkommensteuergesetzes dürfen Zuwendungsbestätigungen im Sinne des § 50 Absatz 1 der Einkommensteuer-Durchführungsverordnung nur ausstellen, wenn

1. das Datum der Anlage zum Körperschaftsteuerbescheid
oder des Freistellungsbescheids nicht länger als fünf Jahre
zurückliegt oder

2. die Feststellung der Satzungsmäßigkeit nach § 60a Absatz 1 AO nicht länger als drei Kalenderjahre zurückliegt und
bisher kein Freistellungsbescheid oder keine Anlage zum Körperschaftsteuerbescheid erteilt wurde.

Die Frist ist taggenau zu berechnen.

§ 12 I Nr. 2 c) KAG i.V.m. § 64 AO: Abgabenpflichtige wirtschaftliche Geschäftsbetriebe

(1) Schließt das Gesetz die Abgabenvergünstigung insoweit
aus, als ein wirtschaftlicher Geschäftsbetrieb (§ 14 AO) unterhalten wird, so verliert die Körperschaft die Abgabenvergünstigung für die dem Geschäftsbetrieb zuzuordnenden
Heranziehungsgrundlagen (Einkünfte, Umsätze, Vermögen),
soweit der wirtschaftliche Geschäftsbetrieb kein Zweckbetrieb
(§§ 65 bis 68 AO) ist.

(2) Unterhält die Körperschaft mehrere wirtschaftliche Geschäftsbetriebe, die keine Zweckbetriebe (§§ 65 bis 68 AO)
sind, werden diese als ein wirtschaftlicher Geschäftsbetrieb
behandelt.

(3) Übersteigen die Einnahmen einschließlich Umsatzsteuer
aus wirtschaftlichen Geschäftsbetrieben, die keine Zweckbetriebe sind, insgesamt nicht 45.000 Euro im Jahr, so unterliegen die diesen Geschäftsbetrieben zuzuordnenden Heranziehungsgrundlagen nicht der Körperschaftsteuer und der Gewerbesteuer.

(4) Die Aufteilung einer Körperschaft in mehrere selbständige
Körperschaften zum Zweck der mehrfachen Inanspruchnah-

me der Abgabenvergünstigung nach Absatz 3 gilt als Missbrauch von rechtlichen Gestaltungsmöglichkeiten im Sinne des § 42 AO.

(5) Überschüsse aus der Verwertung unentgeltlich erworbenen Altmaterials außerhalb einer ständig dafür vorgehaltenen Verkaufsstelle, die der Körperschaftsteuer und der Gewerbesteuer unterliegen, können in Höhe des branchenüblichen Reingewinns geschätzt werden.

(6) Bei den folgenden Abgabenpflichtigen wirtschaftlichen Geschäftsbetrieben kann der Heranziehung zu Abgaben ein Gewinn von 15 Prozent der Einnahmen zugrunde gelegt werden:

1. Werbung für Unternehmen, die im Zusammenhang mit der abgabenbegünstigten Tätigkeit einschließlich Zweckbetrieben stattfindet,

2. Totalisatorbetriebe,

3. Zweite Fraktionierungsstufe der Blutspendedienste.

§ 12 I Nr. 2 c) KAG i.V.m. § 65 AO: Zweckbetrieb

Ein Zweckbetrieb ist gegeben, wenn

1. der wirtschaftliche Geschäftsbetrieb in seiner Gesamtrichtung dazu dient, die abgabenbegünstigten satzungsmäßigen Zwecke der Körperschaft zu verwirklichen,

2. die Zwecke nur durch einen solchen Geschäftsbetrieb erreicht werden können und

3. der wirtschaftliche Geschäftsbetrieb zu nicht begünstigten Betrieben derselben oder ähnlicher Art nicht in größerem Umfang in Wettbewerb tritt, als es bei Erfüllung der abgabenbegünstigten Zwecke unvermeidbar ist.

§ 12 I Nr. 2 c) KAG i.V.m. § 66 AO: Wohlfahrtspflege

(1) Eine Einrichtung der Wohlfahrtspflege ist ein Zweckbetrieb, wenn sie in besonderem Maß den in § 53 AO genannten Personen dient.

(2) Wohlfahrtspflege ist die planmäßige, zum Wohle der Allgemeinheit und nicht des Erwerbs wegen ausgeübte Sorge für notleidende oder gefährdete Mitmenschen. Die Sorge kann sich auf das gesundheitliche, sittliche, erzieherische oder wirtschaftliche Wohl erstrecken und Vorbeugung oder Abhilfe bezwecken.

(3) Eine Einrichtung der Wohlfahrtspflege dient in besonderem Maße den in § 53 AO genannten Personen, wenn diesen mindestens zwei Drittel ihrer Leistungen zugute kommen. Für Krankenhäuser gilt § 67 AO.

§ 12 I Nr. 2 c) KAG i.V.m. § 67 AO: Krankenhäuser

(1) Ein Krankenhaus, das in den Anwendungsbereich des Krankenhausentgeltgesetzes oder der Bundespflegesatzverordnung fällt, ist ein Zweckbetrieb, wenn mindestens 40 Prozent der jährlichen Belegungstage oder Berechnungstage auf Patienten entfallen, bei denen nur Entgelte für allgemeine Krankenhausleistungen (§ 7 des Krankenhausentgeltgesetzes, § 10 der Bundespflegesatzverordnung) berechnet werden.

(2) Ein Krankenhaus, das nicht in den Anwendungsbereich des Krankenhausentgeltgesetzes oder der Bundespflegesatzverordnung fällt, ist ein Zweckbetrieb, wenn mindestens 40 Prozent der jährlichen Belegungstage oder Berechnungstage

auf Patienten entfallen, bei denen für die Krankenhausleistungen kein höheres Entgelt als nach Absatz 1 berechnet wird.

§ 12 I Nr. 2 c) KAG i.V.m. § 67a AO: Sportliche Veranstaltungen

(1) Sportliche Veranstaltungen eines Sportvereins sind ein Zweckbetrieb, wenn die Einnahmen einschließlich Umsatzsteuer insgesamt 45 000 Euro im Jahr nicht übersteigen. Der Verkauf von Speisen und Getränken sowie die Werbung gehören nicht zu den sportlichen Veranstaltungen.

(2) Der Sportverein kann dem Finanzamt, bis zur Unanfechtbarkeit des Körperschaftsteuerbescheids erklären, dass er auf die Anwendung des Absatzes 1 Satz 1 verzichtet. Die Erklärung bindet den Sportverein für mindestens fünf Veranlagungszeiträume.

(3) Wird auf die Anwendung des Absatzes 1 Satz 1 verzichtet, sind sportliche Veranstaltungen eines Sportvereins ein Zweckbetrieb, wenn

1. kein Sportler des Vereins teilnimmt, der für seine sportliche Betätigung oder für die Benutzung seiner Person, seines Namens, seines Bildes oder seiner sportlichen Betätigung zu Werbezwecken von dem Verein oder einem Dritten über eine Aufwandsentschädigung hinaus Vergütungen oder andere Vorteile erhält und

2. kein anderer Sportler teilnimmt, der für die Teilnahme an der Veranstaltung von dem Verein oder einem Dritten im Zusammenwirken mit dem Verein über eine Aufwandsentschädigung hinaus Vergütungen oder andere Vorteile erhält.

Andere sportliche Veranstaltungen sind ein Abgabenpflichtiger wirtschaftlicher Geschäftsbetrieb. Dieser schließt die Abgabenvergünstigung nicht aus, wenn die Vergütungen oder andere Vorteile ausschließlich aus wirtschaftlichen Geschäftsbetrieben, die nicht Zweckbetriebe sind, oder von Dritten geleistet werden.

§ 12 I Nr. 2 c) KAG i.V.m. § 68 AO: Einzelne Zweckbetriebe

Zweckbetriebe sind auch:

1.

a) Alten-, Altenwohn- und Pflegeheime, Erholungsheime, Mahlzeitendienste, wenn sie in besonderem Maß den in § 53 AO genannten Personen dienen (§ 66 Abs. 3 AO),

b) Kindergärten, Kinder-, Jugend- und Studentenheime, Schullandheime und Jugendherbergen,

c) Einrichtungen zur Versorgung, Verpflegung und Betreuung von Flüchtlingen. Die Voraussetzungen des § 66 Absatz 2 AO sind zu berücksichtigen,

2.

a) landwirtschaftliche Betriebe und Gärtnereien, die der Selbstversorgung von Körperschaften dienen und dadurch die sachgemäße Ernährung und ausreichende Versorgung von Anstaltsangehörigen sichern,

b) andere Einrichtungen, die für die Selbstversorgung von Körperschaften erforderlich sind, wie Tischlereien, Schlossereien,

wenn die Lieferungen und sonstigen Leistungen dieser Einrichtungen an Außenstehende dem Wert nach 20 Prozent der gesamten Lieferungen und sonstigen Leistungen des Betriebs

- einschließlich der an die Körperschaften selbst bewirkten - nicht übersteigen,

3.

a) Werkstätten für behinderte Menschen, die nach den Vorschriften des Dritten Buches Sozialgesetzbuch förderungsfähig sind und Personen Arbeitsplätze bieten, die wegen ihrer Behinderung nicht auf dem allgemeinen Arbeitsmarkt tätig sein können,

b) Einrichtungen für Beschäftigungs- und Arbeitstherapie, in denen behinderte Menschen aufgrund ärztlicher Indikationen außerhalb eines Beschäftigungsverhältnisses zum Träger der Therapieeinrichtung mit dem Ziel behandelt werden, körperliche oder psychische Grundfunktionen zum Zwecke der Wiedereingliederung in das Alltagsleben wiederherzustellen oder die besonderen Fähigkeiten und Fertigkeiten auszubilden, zu fördern und zu trainieren, die für eine Teilnahme am Arbeitsleben erforderlich sind, und

c) Inklusionsbetriebe im Sinne des § 215 Absatz 1 des Neunten Buches Sozialgesetzbuch, wenn mindestens 40 Prozent der Beschäftigten besonders betroffene schwerbehinderte Menschen im Sinne des § 215 Absatz 1 des Neunten Buches Sozialgesetzbuch sind; auf die Quote werden psychisch kranke Menschen im Sinne des § 215 Absatz 4 des Neunten Buches Sozialgesetzbuch angerechnet,

4. Einrichtungen, die zur Durchführung der Fürsorge für blinde Menschen, zur Durchführung der Fürsorge für körperbehinderte Menschen und zur Durchführung der Fürsorge für psychische und seelische Erkrankungen beziehungsweise Behinderungen unterhalten werden,

5. Einrichtungen über Tag und Nacht (Heimerziehung) oder sonstige betreute Wohnformen,

6. von den zuständigen Behörden genehmigte Lotterien und Ausspielungen, wenn der Reinertrag unmittelbar und ausschließlich zur Förderung mildtätiger, kirchlicher oder gemeinnütziger Zwecke verwendet wird,

7. kulturelle Einrichtungen, wie Museen, Theater, und kulturelle Veranstaltungen, wie Konzerte, Kunstausstellungen; dazu gehört nicht der Verkauf von Speisen und Getränken,

8. Volkshochschulen und andere Einrichtungen, soweit sie selbst Vorträge, Kurse und andere Veranstaltungen wissenschaftlicher oder belehrender Art durchführen; dies gilt auch, soweit die Einrichtungen den Teilnehmern dieser Veranstaltungen selbst Beherbergung und Beköstigung gewähren,

9. Wissenschafts- und Forschungseinrichtungen, deren Träger sich überwiegend aus Zuwendungen der öffentlichen Hand oder Dritter oder aus der Vermögensverwaltung finanziert. Der Wissenschaft und Forschung dient auch die Auftragsforschung. Nicht zum Zweckbetrieb gehören Tätigkeiten, die sich auf die Anwendung gesicherter wissenschaftlicher Erkenntnisse beschränken, die Übernahme von Projektträgerschaften sowie wirtschaftliche Tätigkeiten ohne Forschungsbezug.

Haftung

§ 12 I Nr. 2 d) KAG i.V.m. § 69 AO: Haftung der Vertreter

Die in den §§ 34 und 35 AO bezeichneten Personen haften, soweit Ansprüche aus dem Abgabenschuldverhältnis (§ 37 AO) infolge vorsätzlicher oder grob fahrlässiger Verletzung der ihnen auferlegten Pflichten nicht oder nicht rechtzeitig festgesetzt oder erfüllt oder soweit infolgedessen Abgabenvergütungen oder Abgabenerstattungen ohne rechtlichen

Grund gezahlt werden. Die Haftung umfasst auch die infolge der Pflichtverletzung zu zahlenden Säumniszuschläge.

§ 12 I Nr. 2 d) KAG i.V.m. § 70 AO: Haftung des Vertretenen

(1) Wenn die in den §§ 34 und 35 AO bezeichneten Personen bei Ausübung ihrer Obliegenheiten eine Abgabenhinterziehung oder eine leichtfertige Abgabenverkürzung begehen oder an einer Abgabenhinterziehung teilnehmen und hierdurch Abgabenschuldner oder Haftende werden, so haften die Vertretenen, soweit sie nicht Abgabenschuldner sind, für die durch die Tat verkürzten Abgaben und die zu Unrecht gewährten Abgabenvorteile.

(2) Absatz 1 ist nicht anzuwenden bei Taten gesetzlicher Vertreter natürlicher Personen, wenn diese aus der Tat des Vertreters keinen Vermögensvorteil erlangt haben. Das Gleiche gilt, wenn die Vertretenen denjenigen, der die Abgabenhinterziehung oder die leichtfertige Abgabenverkürzung begangen hat, sorgfältig ausgewählt und beaufsichtigt haben.

§ 12 I Nr. 2 d) KAG i.V.m. § 71 AO: Haftung des Abgabenhinterziehers und des Steuerhehlers

Wer eine Abgabenhinterziehung oder eine Steuerhehlerei begeht oder an einer solchen Tat teilnimmt, haftet für die verkürzten Abgaben und die zu Unrecht gewährten Abgabenvorteile sowie für die Zinsen nach § 235 AO und die Zinsen nach § 233a AO, soweit diese nach § 235 Absatz 4 AO auf die Hinterziehungszinsen angerechnet werden.

§ 12 I Nr. 2 d) KAG i.V.m. § 73 AO: Haftung bei Organschaft

Eine Organgesellschaft haftet für solche Abgaben des Organträgers, für welche die Organschaft zwischen ihnen abgabenrechtlich von Bedeutung ist. Haftet eine Organgesellschaft, die selbst Organträger ist, nach Satz 1, haften ihre Organgesellschaften neben ihr ebenfalls nach Satz 1. Den Abgaben stehen die Ansprüche auf Erstattung von Abgabenvergütungen gleich.

§ 12 I Nr. 2 d) KAG i.V.m. § 74 AO: Haftung des Eigentümers von Gegenständen

(1) Gehören Gegenstände, die einem Unternehmen dienen, nicht dem Unternehmer, sondern einer an dem Unternehmen wesentlich beteiligten Person, so haftet der Eigentümer der Gegenstände mit diesen für diejenigen Abgaben des Unternehmens, bei denen sich die Abgabenpflicht auf den Betrieb des Unternehmens gründet. Die Haftung erstreckt sich jedoch nur auf die Abgaben, die während des Bestehens der wesentlichen Beteiligung entstanden sind. Den Abgaben stehen die Ansprüche auf Erstattung von Abgabenvergütungen gleich.

(2) Eine Person ist an dem Unternehmen wesentlich beteiligt, wenn sie unmittelbar oder mittelbar zu mehr als einem Viertel am Grund- oder Stammkapital oder am Vermögen des Unternehmens beteiligt ist. Als wesentlich beteiligt gilt auch, wer auf das Unternehmen einen beherrschenden Einfluss ausübt und durch sein Verhalten dazu beiträgt, dass fällige Abgaben im Sinne des Absatzes 1 Satz 1 nicht entrichtet werden.

§ 12 I Nr. 2 d) KAG i.V.m. § 75 AO: Haftung des Betriebsübernehmers

(1) Wird ein Unternehmen oder ein in der Gliederung eines Unternehmens gesondert geführter Betrieb im Ganzen übereignet, so haftet der Erwerber für Abgaben, bei denen sich die Abgabenpflicht auf den Betrieb des Unternehmens gründet, und für Abgabenabzugsbeträge, vorausgesetzt, dass die Abgaben seit dem Beginn des letzten, vor der Übereignung liegenden Kalenderjahrs entstanden sind und bis zum Ablauf von einem Jahr nach Anmeldung des Betriebs durch den Erwerber festgesetzt oder angemeldet werden. Die Haftung beschränkt sich auf den Bestand des übernommenen Vermögens. Den Abgaben stehen die Ansprüche auf Erstattung von Abgabenvergütungen gleich.

(2) Absatz 1 gilt nicht für Erwerbe aus einer Insolvenzmasse und für Erwerbe im Vollstreckungsverfahren.

§ 12 I Nr. 2 d) KAG i.V.m. § 77 AO: Duldungspflicht

(1) Wer kraft Gesetzes verpflichtet ist, eine Abgabe aus Mitteln, die seiner Verwaltung unterliegen, zu entrichten, ist insoweit verpflichtet, die Vollstreckung in dieses Vermögen zu dulden.

(2) Wegen einer Abgabe, die als öffentliche Last auf Grundbesitz ruht, hat der Eigentümer die Zwangsvollstreckung in den Grundbesitz zu dulden. Zugunsten der Körperschaft, der die Abgabe zusteht, gilt als Eigentümer, wer als solcher im Grundbuch eingetragen ist. Das Recht des nicht eingetragenen Eigentümers, die ihm gegen die öffentliche Last zu-

stehenden Einwendungen geltend zu machen, bleibt unberührt.

Beteiligte

§ 12 I Nr. 3 a) KAG i.V.m. § 78 AO: Beteiligte

Beteiligte sind

1. Antragsteller und Antragsgegner,

2. diejenigen, an die die Körperschaft, der die Abgabe zusteht, den Verwaltungsakt richten will oder gerichtet hat,

3. diejenigen, mit denen die Körperschaft, der die Abgabe zusteht, einen öffentlich-rechtlichen Vertrag schließen will oder geschlossen hat.

§ 12 I Nr. 3 a) KAG i.V.m. § 79 AO: Handlungsfähigkeit

(1) Fähig zur Vornahme von Verfahrenshandlungen sind:

1. natürliche Personen, die nach bürgerlichem Recht geschäftsfähig sind,

2. natürliche Personen, die nach bürgerlichem Recht in der Geschäftsfähigkeit beschränkt sind, soweit sie für den Gegenstand des Verfahrens durch Vorschriften des bürgerlichen Rechts als geschäftsfähig oder durch Vorschriften des öffentlichen Rechts als handlungsfähig anerkannt sind,

3. juristische Personen, Vereinigungen oder Vermögensmassen durch ihre gesetzlichen Vertreter oder durch besonders Beauftragte,

4. Behörden durch ihre Leiter, deren Vertreter oder Beauftragte.

(2) Betrifft ein Einwilligungsvorbehalt nach § 1903 des Bürgerlichen Gesetzbuchs den Gegenstand des Verfahrens, so ist ein geschäftsfähiger Betreuter nur insoweit zur Vornahme von Verfahrenshandlungen fähig, als er nach den Vorschriften des bürgerlichen Rechts ohne Einwilligung des Betreuers handeln kann oder durch Vorschriften des öffentlichen Rechts als handlungsfähig anerkannt ist.

(3) Die §§ 53 und 55 der Zivilprozessordnung gelten entsprechend.

§ 12 I Nr. 3 a) KAG i.V.m. § 80 AO: Bevollmächtigte und Beistände

(1) Ein Beteiligter kann sich durch einen Bevollmächtigten vertreten lassen. Die Vollmacht ermächtigt zu allen das Verwaltungsverfahren betreffenden Verfahrenshandlungen, sofern sich aus ihrem Inhalt nicht etwas anderes ergibt; sie ermächtigt nicht zum Empfang von Abgabenerstattungen und Abgabenvergütungen. Ein Widerruf der Vollmacht wird der Körperschaft, der die Abgabe zusteht, gegenüber erst wirksam, wenn er ihr zugeht; Gleiches gilt für eine Veränderung der Vollmacht.

(2) Bei Personen und Vereinigungen im Sinne der §§ 3 und 4 Nummer 11 des Steuerberatungsgesetzes, die für den Abgabenpflichtigen handeln, wird eine ordnungsgemäße Bevollmächtigung vermutet. Für den Abruf von bei den Landesfinanzbehörden zum Vollmachtgeber gespeicherten Daten wird eine ordnungsgemäße Bevollmächtigung nur nach Maßgabe des § 80a Absatz 2 und 3 AO vermutet.

(3) Die Körperschaft, der die Abgabe zusteht, kann auch ohne Anlass den Nachweis der Vollmacht verlangen.

(4) Die Vollmacht wird weder durch den Tod des Vollmachtgebers noch durch eine Veränderung in seiner Handlungsfähigkeit oder durch eine Veränderung seiner gesetzlichen Vertretung aufgehoben. Der Bevollmächtigte hat jedoch, wenn er für den Rechtsnachfolger im Verwaltungsverfahren auftritt, dessen Vollmacht auf Verlangen nachzuweisen.

(5) Ist für das Verfahren ein Bevollmächtigter bestellt, so soll sich die Körperschaft, der die Abgabe zusteht, an ihn wenden. Sie kann sich an den Beteiligten selbst wenden, soweit er zur Mitwirkung verpflichtet ist. Wendet sich die Körperschaft, der die Abgabe zusteht, an den Beteiligten, so soll der Bevollmächtigte verständigt werden. Für die Bekanntgabe von Verwaltungsakten an einen Bevollmächtigten gilt § 122 Absatz 1 Satz 3 und 4 AO.

(6) Ein Beteiligter kann zu Verhandlungen und Besprechungen mit einem Beistand erscheinen. Das von dem Beistand Vorgetragene gilt als von dem Beteiligten vorgebracht, soweit dieser nicht unverzüglich widerspricht.

(7) Soweit ein Bevollmächtigter geschäftsmäßig Hilfe in Abgabensachen leistet, ohne dazu befugt zu sein, ist er mit Wirkung für alle anhängigen und künftigen Verwaltungsverfahren des Vollmachtgebers im Zuständigkeitsbereich der Körperschaft, der die Abgabe zusteht, zurückzuweisen. Die Zurückweisung ist dem Vollmachtgeber und dem Bevollmächtigten bekannt zu geben. Die Körperschaft, der die Abgabe zusteht, ist befugt, andere Körperschaften, denen eine Abgabe zusteht, über die Zurückweisung des Bevollmächtigten zu unterrichten.

(8) Ein Bevollmächtigter kann von einem schriftlichen, elektronischen oder mündlichen Vortrag zurückgewiesen werden, soweit er hierzu ungeeignet ist. Dies gilt nicht für die in § 3

Nummer 1, § 4 Nummer 1 und 2 und § 23 Absatz 3 des
Steuerberatungsgesetzes bezeichneten natürlichen Personen
sowie natürliche Personen, die für eine Landwirtschaftliche
Buchstelle tätig und nach § 44 des Steuerberatungsgesetzes
berechtigt sind, die Berufsbezeichnung „Landwirtschaftliche
Buchstelle" zu führen. Die Zurückweisung ist dem Vollmachtgeber und dem Bevollmächtigten bekannt zu geben.

(9) Soweit ein Beistand geschäftsmäßig Hilfe in Abgabensachen leistet, ohne dazu befugt zu sein, ist er mit Wirkung für
alle anhängigen und künftigen Verwaltungsverfahren des
Abgabenpflichtigen im Zuständigkeitsbereich der Körperschaft, der die Abgabe zusteht, zurückzuweisen; Absatz 7
Satz 2 und 3 gilt entsprechend. Ferner kann er vom schriftlichen, elektronischen oder mündlichen Vortrag zurückgewiesen werden, falls er zu einem sachgemäßen Vortrag nicht
fähig oder willens ist; Absatz 8 Satz 2 und 3 gilt entsprechend.

(10) Verfahrenshandlungen, die ein Bevollmächtigter oder ein
Beistand vornimmt, nachdem ihm die Zurückweisung bekannt
gegeben worden ist, sind unwirksam.

§ 12 I Nr. 3 a) KAG i.V.m. § 80a AO: Elektroni-
sche Übermittlung von Vollmachtsdaten an
Landesfinanzbehörden

(1) Daten aus einer Vollmacht zur Vertretung in abgabenrechtlichen Verfahren, die nach amtlich bestimmtem Formular
erteilt worden sind, können den Landesfinanzbehörden nach
amtlich vorgeschriebenem Datensatz über die amtlich bestimmten Schnittstellen übermittelt werden. Im Datensatz ist
auch anzugeben, ob der Vollmachtgeber den Bevollmächtig-

ten zum Empfang von für ihn bestimmten Verwaltungsakten oder zum Abruf von bei den Körperschaften, denen eine Abgabe zusteht, zu seiner Person gespeicherten Daten ermächtigt hat. Die übermittelten Daten müssen der erteilten Vollmacht entsprechen. Wird eine Vollmacht, die nach Satz 1 übermittelt worden ist, vom Vollmachtgeber gegenüber dem Bevollmächtigten widerrufen oder verändert, muss der Bevollmächtigte dies unverzüglich den Landesfinanzbehörden nach amtlich vorgeschriebenem Datensatz mitteilen.

(2) Werden die Vollmachtsdaten von einem Bevollmächtigten, der nach § 3 des Steuerberatungsgesetzes zur geschäftsmäßigen Hilfeleistung in Abgabensachen befugt ist, nach Maßgabe des Absatzes 1 übermittelt, so wird eine Bevollmächtigung im mitgeteilten Umfang vermutet, wenn die zuständige Kammer sicherstellt, dass Vollmachtsdaten nur von den Bevollmächtigten übermittelt werden, die zur geschäftsmäßigen Hilfeleistung in Abgabensachen befugt sind. Die für den Bevollmächtigten zuständige Kammer hat den Landesfinanzbehörden in diesem Fall auch den Wegfall einer Zulassung unverzüglich nach amtlich vorgeschriebenem Datensatz mitzuteilen.

(3) Absatz 2 gilt entsprechend für Vollmachtsdaten, die von einem anerkannten Lohnsteuerhilfeverein im Sinne des § 4 Nummer 11 des Steuerberatungsgesetzes übermittelt werden, sofern die für die Aufsicht zuständige Stelle in einem automatisierten Verfahren die Zulassung zur Hilfe in Abgabensachen bestätigt.

§ 12 I Nr. 3 a) KAG i.V.m. § 81 AO: Bestellung eines Vertreters von Amts wegen

(1) Ist ein Vertreter nicht vorhanden, so hat das Betreuungsgericht, für einen minderjährigen Beteiligten das Familiengericht auf Ersuchen der Körperschaft, der die Abgabe zusteht, einen geeigneten Vertreter zu bestellen

1. für einen Beteiligten, dessen Person unbekannt ist,

2. für einen abwesenden Beteiligten, dessen Aufenthalt unbekannt ist oder der an der Besorgung seiner Angelegenheiten verhindert ist,

3. für einen Beteiligten ohne Aufenthalt

a) im Inland,

b) in einem anderen Mitgliedstaat der Europäischen Union oder

c) in einem anderen Staat, auf den das Abkommen über den Europäischen Wirtschaftsraum anzuwenden ist,

wenn er der Aufforderung der Körperschaft, der die Abgabe zusteht, einen Vertreter zu bestellen, innerhalb der ihm gesetzten Frist nicht nachgekommen ist,

4. für einen Beteiligten, der infolge einer psychischen Krankheit oder körperlichen, geistigen oder seelischen Behinderung nicht in der Lage ist, in dem Verwaltungsverfahren selbst tätig zu werden,

5. bei herrenlosen Sachen, auf die sich das Verfahren bezieht, zur Wahrung der sich in bezug auf die Sache ergebenden Rechte und Pflichten.

(2) Für die Bestellung des Vertreters ist in den Fällen des Absatzes 1 Nr. 4 das Betreuungsgericht, für einen minderjährigen Beteiligten das Familiengericht zuständig, in dessen

Bezirk der Beteiligte seinen gewöhnlichen Aufenthalt (§ 272
Abs. 1 Nr. 2 des Gesetzes über das Verfahren in Familiensa-
chen und in den Angelegenheiten der freiwilligen Gerichts-
barkeit) hat; im Übrigen ist das Gericht zuständig, in dessen
Bezirk die ersuchende Körperschaft ihren Sitz hat.

(3) Der Vertreter hat gegen die Körperschaft, die um seine
Bestellung ersucht hat, Anspruch auf eine angemessene Ver-
gütung und auf die Erstattung seiner baren Auslagen. Die
Körperschaft, der die Abgabe zusteht, kann von dem Vertre-
tenen Ersatz ihrer Aufwendungen verlangen. Sie bestimmt die
Vergütung und stellt die Auslagen und Aufwendungen fest.

(4) Im Übrigen gelten für die Bestellung und für das Amt des
Vertreters in den Fällen des Absatzes 1 Nr. 4 die Vorschriften
über die Betreuung, in den übrigen Fällen die Vorschriften
über die Pflegschaft entsprechend.

§ 12 I Nr. 3 a) KAG i.V.m. § 82 AO: Ausge-
schlossene Personen

(1) In einem Verwaltungsverfahren darf für eine Körperschaft, der die Abgabe zusteht, nicht tätig werden,

1. wer selbst Beteiligter ist,

2. wer Angehöriger (§ 15 AO) eines Beteiligten ist,

3. wer einen Beteiligten kraft Gesetzes oder Vollmacht allgemein oder in diesem Verfahren vertritt,

4. wer Angehöriger (§ 15 AO) einer Person ist, die für einen
Beteiligten in diesem Verfahren Hilfe in Abgabensachen leistet,

5. wer bei einem Beteiligten gegen Entgelt beschäftigt ist
oder bei ihm als Mitglied des Vorstands, des Aufsichtsrats

oder eines gleichartigen Organs tätig ist; dies gilt nicht für
den, dessen Anstellungskörperschaft Beteiligte ist,

6. wer außerhalb seiner amtlichen Eigenschaft in der Angelegenheit ein Gutachten abgegeben hat oder sonst tätig geworden ist.

Dem Beteiligten steht gleich, wer durch die Tätigkeit oder
durch die Entscheidung einen unmittelbaren Vorteil oder
Nachteil erlangen kann. Dies gilt nicht, wenn der Vor- oder
Nachteil nur darauf beruht, dass jemand einer Berufs- oder
Bevölkerungsgruppe angehört, deren gemeinsame Interessen
durch die Angelegenheit berührt werden.

(2) Wer nach Absatz 1 ausgeschlossen ist, darf bei Gefahr im
Verzug unaufschiebbare Maßnahmen treffen.

§ 12 I Nr. 3 a) KAG i.V.m. § 83 AO: Besorgnis der Befangenheit

Liegt ein Grund vor, der geeignet ist, Misstrauen gegen die
Unparteilichkeit des Amtsträgers zu rechtfertigen oder wird
von einem Beteiligten das Vorliegen eines solchen Grundes
behauptet, so hat der Amtsträger den Leiter der Behörde
oder den von ihm Beauftragten zu unterrichten und sich auf
dessen Anordnung der Mitwirkung zu enthalten. Betrifft die
Besorgnis der Befangenheit den Leiter der Behörde, so trifft
diese Anordnung die Vertretung der Körperschaft, der die
Abgabe zusteht, sofern sich der Behördenleiter nicht selbst
einer Mitwirkung enthält.

Heranziehungsgrundsätze

§ 12 I Nr. 3 a) KAG i.V.m. § 85 AO: Heranziehungsgrundsätze

Die Körperschaften haben die Abgaben nach Maßgabe der Gesetze gleichmäßig festzusetzen und zu erheben. Insbesondere haben sie sicherzustellen, dass Abgaben nicht verkürzt, zu Unrecht erhoben oder Abgabenerstattungen und Abgabenvergütungen nicht zu Unrecht gewährt oder versagt werden.

§ 12 I Nr. 3 a) KAG i.V.m. § 86 AO: Beginn des Verfahrens

Die Körperschaft entscheidet nach pflichtgemäßem Ermessen, ob und wann sie ein Verwaltungsverfahren durchführt. Dies gilt nicht, wenn die Körperschaft auf Grund von Rechtsvorschriften

1. von Amts wegen oder auf Antrag tätig werden muss,

2. nur auf Antrag tätig werden darf und ein Antrag nicht vorliegt.

§ 12 I Nr. 3 a) KAG i.V.m. § 87 AO: Amtssprache

(1) Die Amtssprache ist deutsch.

(2) Werden bei einer Körperschaft in einer fremden Sprache Anträge gestellt oder Eingaben, Belege, Urkunden oder sonstige Dokumente vorgelegt, kann die Körperschaft, der die Abgabe zusteht, verlangen, dass unverzüglich eine Übersetzung vorgelegt wird. In begründeten Fällen kann die Vorlage einer beglaubigten oder von einem öffentlich bestellten oder

beeidigten Dolmetscher oder Übersetzer angefertigten Übersetzung verlangt werden. Wird die verlangte Übersetzung nicht unverzüglich vorgelegt, so kann die Körperschaft, der die Abgabe zusteht, auf Kosten des Beteiligten selbst eine Übersetzung beschaffen. Hat die Körperschaft, der die Abgabe zusteht, Dolmetscher oder Übersetzer herangezogen, erhalten diese eine Vergütung in entsprechender Anwendung des Justizvergütungs- und -entschädigungsgesetzes.

(3) Soll durch eine Anzeige, einen Antrag oder die Abgaben einer Willenserklärung eine Frist in Lauf gesetzt werden, innerhalb deren die Körperschaft in einer bestimmten Weise tätig werden muss, und gehen diese in einer fremden Sprache ein, so beginnt der Lauf der Frist erst mit dem Zeitpunkt, in dem der Körperschaft, der die Abgabe zusteht, eine Übersetzung vorliegt.

(4) Soll durch eine Anzeige, einen Antrag oder eine Willenserklärung, die in fremder Sprache eingehen, zugunsten eines Beteiligten eine Frist gegenüber der Körperschaft gewahrt, ein öffentlich-rechtlicher Anspruch geltend gemacht oder eine Leistung begehrt werden, so gelten die Anzeige, der Antrag oder die Willenserklärung als zum Zeitpunkt des Eingangs bei der Körperschaft abgegeben, wenn auf Verlangen der Körperschaft, der die Abgabe zusteht, innerhalb einer von dieser zu setzenden angemessenen Frist eine Übersetzung vorgelegt wird. Andernfalls ist der Zeitpunkt des Eingangs der Übersetzung maßgebend, soweit sich nicht aus zwischenstaatlichen Vereinbarungen etwas anderes ergibt. Auf diese Rechtsfolge ist bei der Fristsetzung hinzuweisen.

§ 12 I Nr. 3 a) KAG i.V.m. § 87a AO: Elektronische Kommunikation

(1) Die Übermittlung elektronischer Dokumente ist zulässig, soweit der Empfänger hierfür einen Zugang eröffnet. Ein elektronisches Dokument ist zugegangen, sobald die für den Empfang bestimmte Einrichtung es in für den Empfänger bearbeitbarer Weise aufgezeichnet hat; § 122 Absatz 2a sowie die §§ 122a und 123 Satz 2 und 3 AO bleiben unberührt. Übermittelt die Körperschaft, der die Abgabe zusteht, Daten, die dem Geheimnis der kommunalen Steuern unterliegen, sind diese Daten mit einem geeigneten Verfahren zu verschlüsseln; soweit alle betroffenen Personen schriftlich eingewilligt haben, kann auf eine Verschlüsselung verzichtet werden. Die kurzzeitige automatisierte Entschlüsselung, die beim Versenden einer De-Mail-Nachricht durch den akkreditierten Diensteanbieter zum Zweck der Überprüfung auf Schadsoftware und zum Zweck der Weiterleitung an den Adressaten der De-Mail-Nachricht erfolgt, verstößt nicht gegen das Verschlüsselungsgebot des Satzes 3. Eine elektronische Benachrichtigung über die Bereitstellung von Daten zum Abruf oder über den Zugang elektronisch an die Körperschaft, der die Abgabe zusteht, übermittelter Daten darf auch ohne Verschlüsselung übermittelt werden.

(2) Ist ein der Körperschaft übermitteltes elektronisches Dokument für sie zur Bearbeitung nicht geeignet, hat sie dies dem Absender unter Angabe der für sie geltenden technischen Rahmenbedingungen unverzüglich mitzuteilen. Macht ein Empfänger geltend, er könne das von der Körperschaft, der die Abgabe zusteht, übermittelte elektronische Dokument nicht bearbeiten, hat sie es ihm erneut in einem geeigneten elektronischen Format oder als Schriftstück zu übermitteln.

(3) Eine durch Gesetz für Anträge, Erklärungen oder Mitteilungen an die Körperschaft, der die Abgabe zusteht, angeordnete Schriftform kann, soweit nicht durch Gesetz etwas anderes bestimmt ist, durch die elektronische Form ersetzt werden. Der elektronischen Form genügt ein elektronisches Dokument, das mit einer qualifizierten elektronischen Signatur versehen ist. Bei der Signierung darf eine Person ein Pseudonym nur verwenden, wenn sie ihre Identität der Körperschaft, der die Abgabe zusteht, nachweist. Die Schriftform kann auch ersetzt werden

1. durch unmittelbare Abgaben der Erklärung in einem elektronischen Formular, das von der Behörde in einem Eingabegerät oder über öffentlich zugängliche Netze zur Verfügung gestellt wird;

2. durch Versendung eines elektronischen Dokuments an die Behörde mit der Versandart nach § 5 Absatz 5 des De-Mail-Gesetzes.

In den Fällen des Satzes 4 Nummer 1 muss bei einer Eingabe über öffentlich zugängliche Netze ein elektronischer Identitätsnachweis nach § 12 des eID-Karte-Gesetzes oder nach § 78 Absatz 5 des Aufenthaltsgesetzes erfolgen.

(4) Eine durch Gesetz für Verwaltungsakte oder sonstige Maßnahmen der Körperschaft angeordnete Schriftform kann, soweit nicht durch Gesetz etwas anderes bestimmt ist, durch die elektronische Form ersetzt werden. Der elektronischen Form genügt ein elektronisches Dokument, das mit einer qualifizierten elektronischen Signatur versehen ist. Die Schriftform kann auch ersetzt werden durch Versendung einer De-Mail-Nachricht nach § 5 Absatz 5 des De-Mail-Gesetzes, bei der die Bestätigung des akkreditierten Diensteanbieters die erlassende Körperschaft als Nutzer des De-Mail-

Kontos erkennen lässt. Für von der Körperschaft, der die Abgabe zusteht, aufzunehmende Niederschriften gelten die Sätze 1 und 3 nur, wenn dies durch Gesetz ausdrücklich zugelassen ist.

(5) Ist ein elektronisches Dokument Gegenstand eines Beweises, wird der Beweis durch Vorlegung oder Übermittlung der Datei angetreten; befindet diese sich nicht im Besitz des Abgabenpflichtigen oder der Körperschaft, der die Abgabe zusteht, gilt § 97 AO entsprechend. Für die Beweiskraft elektronischer Dokumente gilt § 371a der Zivilprozessordnung entsprechend.

(6) Soweit nichts anderes bestimmt ist, ist bei der elektronischen Übermittlung von amtlich vorgeschriebenen Datensätzen an Körperschaften, denen eine Abgabe zusteht, ein sicheres Verfahren zu verwenden, das den Datenübermittler authentifiziert und die Vertraulichkeit und Integrität des Datensatzes gewährleistet. Nutzt der Datenübermittler zur Authentisierung seinen elektronischen Identitätsnachweis nach § 18 des Personalausweisgesetzes, nach § 12 des eID-Karte-Gesetzes oder nach § 78 Absatz 5 des Aufenthaltsgesetzes, so dürfen die dazu erforderlichen Daten zusammen mit den übrigen übermittelten Daten gespeichert und verwendet werden.

(7) Wird ein elektronisch erlassener Verwaltungsakt durch Übermittlung nach § 122 Absatz 2a AO bekannt gegeben, ist ein sicheres Verfahren zu verwenden, das die übermittelnde Stelle oder Einrichtung der Finanzverwaltung authentifiziert und die Vertraulichkeit und Integrität des Datensatzes gewährleistet. Ein sicheres Verfahren liegt insbesondere vor, wenn der Verwaltungsakt

1. mit einer qualifizierten elektronischen Signatur versehen und mit einem geeigneten Verfahren verschlüsselt ist oder

2. mit einer De-Mail-Nachricht nach § 5 Absatz 5 des De-Mail-Gesetzes versandt wird, bei der die Bestätigung des akkreditierten Diensteanbieters die erlassende Körperschaft als Nutzer des De-Mail-Kontos erkennen lässt.

(8) Wird ein elektronisch erlassener Verwaltungsakt durch Bereitstellung zum Abruf nach § 122a AO bekannt gegeben, ist ein sicheres Verfahren zu verwenden, das die für die Datenbereitstellung verantwortliche Stelle oder Einrichtung der Finanzverwaltung authentifiziert und die Vertraulichkeit und Integrität des Datensatzes gewährleistet. Die abrufberechtigte Person hat sich zu authentisieren. Absatz 6 Satz 2 gilt entsprechend.

§ 12 I Nr. 3 a) KAG i.V.m. § 87b AO: Bedingungen für die elektronische Übermittlung von Daten an Körperschaften

(1) Das Bundesministerium der Finanzen kann in Abstimmung mit den obersten Finanzbehörden der Länder die Datensätze und weitere technische Einzelheiten der elektronischen Übermittlung von Steuererklärungen, Unterlagen zur Steuererklärung, Daten über Vollmachten nach § 80a AO, Daten im Sinne des § 93c AO und anderer für das Heranziehungsverfahren erforderlicher Daten mittels amtlich vorgeschriebener Datensätze bestimmen. Einer Abstimmung mit den obersten Finanzbehörden der Länder bedarf es nicht, soweit die Daten ausschließlich an Bundesfinanzbehörden übermittelt werden.

(2) Bei der elektronischen Übermittlung von amtlich vorgeschriebenen Datensätzen an Körperschaften hat der Daten-

übermittler die hierfür nach Absatz 1 für den jeweiligen Heranziehungszeitraum oder -zeitpunkt amtlich bestimmten Schnittstellen ordnungsgemäß zu bedienen. Die amtlich bestimmten Schnittstellen werden über das Internet zur Verfügung gestellt.

(3) Für die Verfahren, die über die zentrale Stelle im Sinne des § 81 des Einkommensteuergesetzes durchgeführt werden, kann das Bundesministerium der Finanzen durch Rechtsverordnung mit Zustimmung des Bundesrates die Grundsätze der Datenübermittlung sowie die Zuständigkeit für die Vollstreckung von Bescheiden über Forderungen der zentralen Stelle bestimmen. Dabei können insbesondere geregelt werden:

1. das Verfahren zur Identifikation der am Verfahren Beteiligten,

2. das Nähere über Form, Inhalt, Verarbeitung und Sicherung der zu übermittelnden Daten,

3. die Art und Weise der Übermittlung der Daten,

4. die Mitwirkungspflichten Dritter und

5. die Erprobung der Verfahren.

Zur Regelung der Datenübermittlung kann in der Rechtsverordnung auf Veröffentlichungen sachverständiger Stellen verwiesen werden. Hierbei sind das Datum der Veröffentlichung, die Bezugsquelle und eine Stelle zu bezeichnen, bei der die Veröffentlichung archivmäßig gesichert niedergelegt ist.

§ 12 I Nr. 3 a) KAG i.V.m. § 87c AO: Nicht amtliche
Datenverarbeitungsprogramme für das
Heranziehungsverfahren

§ 12 I Nr. 3 a) KAG i.V.m. § 87c AO: Nicht amtliche Datenverarbeitungsprogramme für das Heranziehungsverfahren

(1) Sind nicht amtliche Programme dazu bestimmt, für das Heranziehungsverfahren erforderliche Daten zu verarbeiten, so müssen sie im Rahmen des in der Programmbeschreibung angegebenen Programmumfangs die richtige und vollständige Verarbeitung dieser Daten gewährleisten.

(2) Auf den Programmumfang sowie auf Fallgestaltungen, in denen eine richtige und vollständige Verarbeitung ausnahmsweise nicht möglich sind, ist in der Programmbeschreibung an hervorgehobener Stelle hinzuweisen.

(3) Die Programme sind vom Hersteller vor der Freigabe für den produktiven Einsatz und nach jeder für den produktiven Einsatz freigegebenen Änderung daraufhin zu prüfen, ob sie die Anforderungen nach Absatz 1 erfüllen. Hierbei sind ein Protokoll über den letzten durchgeführten Testlauf und eine Programmauflistung zu erstellen, die fünf Jahre aufzubewahren sind. Die Aufbewahrungsfrist nach Satz 2 beginnt mit Ablauf des Kalenderjahres der erstmaligen Freigabe für den produktiven Einsatz; im Fall einer Änderung eines bereits für den produktiven Einsatz freigegebenen Programms beginnt die Aufbewahrungsfrist nicht vor Ablauf des Kalenderjahres der erstmaligen Freigabe der Änderung für den produktiven Einsatz. Elektronische, magnetische und optische Speicherverfahren, die eine jederzeitige Wiederherstellung der eingesetzten Programmversion in Papierform ermöglichen, sind der Programmauflistung gleichgestellt.

(4) Die Körperschaften, denen eine Abgabe zusteht, sind berechtigt, die Programme und Dokumentationen zu überprü-

fen. Die Mitwirkungspflichten des Abgabenpflichtigen nach
§ 200 AO gelten entsprechend. Die Körperschaften haben die
Hersteller oder Vertreiber eines fehlerhaften Programms unverzüglich zur Nachbesserung oder Ablösung aufzufordern.
Soweit eine Nachbesserung oder Ablösung nicht unverzüglich
erfolgt, sind die Körperschaften, denen eine Abgabe zusteht,
berechtigt, die Programme des Herstellers von der elektronischen Übermittlung an Körperschaften, denen eine Abgabe
zusteht, auszuschließen. Die Körperschaften sind nicht verpflichtet, die Programme zu prüfen. § 30 AO gilt entsprechend.

(5) Sind die Programme zum allgemeinen Vertrieb vorgesehen, hat der Hersteller den Körperschaften, denen eine Abgabe zusteht, auf Verlangen Muster zum Zwecke der Prüfung
nach Absatz 4 kostenfrei zur Verfügung zu stellen.

(6) Die Pflichten der Programmhersteller gemäß den vorstehenden Bestimmungen sind ausschließlich öffentlich-
rechtlicher Art.

§ 12 I Nr. 3 a) KAG i.V.m. § 87d AO: Daten-übermittlungen an Körperschaften im Auftrag

(1) Mit der Übermittlung von Daten, die nach amtlich vorgeschriebenem Datensatz durch Datenfernübertragung über die
amtlich bestimmten Schnittstellen für abgabenrechtliche Zwecke an die Finanzverwaltung zu übermitteln sind oder freiwillig übermittelt werden, können Dritte (Auftragnehmer) beauftragt werden.

(2) Der Auftragnehmer muss sich vor Übermittlung der Daten
Gewissheit über die Person und die Anschrift seines Auftrag-
gebers verschaffen (Identifizierung) und die entsprechenden

Angaben in geeigneter Form festhalten. Von einer Identifizierung kann abgesehen werden, wenn der Auftragnehmer den Auftraggeber bereits bei früherer Gelegenheit identifiziert und die dabei erhobenen Angaben aufgezeichnet hat, es sei denn, der Auftragnehmer muss auf Grund der äußeren Umstände bezweifeln, dass die bei der früheren Identifizierung erhobenen Angaben weiterhin zutreffend sind. Der Auftragnehmer hat sicherzustellen, dass er jederzeit Auskunft darüber geben kann, wer Auftraggeber der Datenübermittlung war. Die Aufzeichnungen nach Satz 1 sind fünf Jahre aufzubewahren; die Aufbewahrungsfrist beginnt nach Ablauf des Jahres der letzten Datenübermittlung. Die Pflicht zur Herstellung der Auskunftsbereitschaft nach Satz 3 endet mit Ablauf der Aufbewahrungsfrist nach Satz 4.

(3) Der Auftragnehmer hat dem Auftraggeber die Daten in leicht nachprüfbarer Form zur Zustimmung zur Verfügung zu stellen. Der Auftraggeber hat die ihm zur Verfügung gestellten Daten unverzüglich auf Vollständigkeit und Richtigkeit zu überprüfen.

§ 12 I Nr. 3 a) KAG i.V.m. § 87e AO: Ausnahmeregelung für Einfuhr- und Ausfuhrsteuern, Verbrauchsteuern und die Luftverkehrsteuer

Die §§ 72a und 87b bis 87d gelten nicht für Einfuhr- und Ausfuhrsteuer, Verbrauchsteuern und die Luftverkehrsteuer, soweit nichts anderes bestimmt ist.

§ 12 I Nr. 3 a) KAG i.V.m. § 88 AO: Untersuchungsgrundsatz

(1) Die Körperschaft, der die Abgabe zusteht, ermittelt den Sachverhalt von Amts wegen. Dabei hat sie alle für den Einzelfall bedeutsamen, auch die für die Beteiligten günstigen Umstände zu berücksichtigen.

(2) Die Körperschaft, der die Abgabe zusteht, bestimmt Art und Umfang der Ermittlungen nach den Umständen des Einzelfalls sowie nach den Grundsätzen der Gleichmäßigkeit, Gesetzmäßigkeit und Verhältnismäßigkeit; an das Vorbringen und an die Beweisanträge der Beteiligten ist sie nicht gebunden. Bei der Entscheidung über Art und Umfang der Ermittlungen können allgemeine Erfahrungen der Körperschaft, der die Abgabe zusteht, sowie Wirtschaftlichkeit und Zweckmäßigkeit berücksichtigt werden.

(3) Zur Gewährleistung eines zeitnahen und gleichmäßigen Vollzugs der Abgabengesetze können die obersten Finanzbehörden für bestimmte oder bestimmbare Fallgruppen Weisungen über Art und Umfang der Ermittlungen und der Verarbeitung von erhobenen oder erfassten Daten erteilen, soweit gesetzlich nicht etwas anderes bestimmt ist. Bei diesen Weisungen können allgemeine Erfahrungen der Körperschaften, denen eine Abgabe zusteht, sowie Wirtschaftlichkeit und Zweckmäßigkeit berücksichtigt werden. Die Weisungen dürfen nicht veröffentlicht werden, soweit dies die Gleichmäßigkeit und Gesetzmäßigkeit der Heranziehung zu Abgaben gefährden könnte. Weisungen der obersten Finanzbehörden der Länder nach Satz 1 bedürfen des Einvernehmens mit dem Bundesministerium der Finanzen, soweit die Landesfinanzbehörden Abgaben im Auftrag des Bundes verwalten.

(4) Das Bundeszentralamt für Steuern und die zentrale Stelle im Sinne des § 81 des Einkommensteuergesetzes können auf

eine Weiterleitung ihnen zugegangener und zur Weiterleitung an die Landesfinanzbehörden bestimmter Daten an die Landesfinanzbehörden verzichten, soweit sie die Daten nicht oder nur mit unverhältnismäßigem Aufwand einem bestimmten Abgabenpflichtigen oder einer bestimmten Körperschaft zuordnen können. Nach Satz 1 einem bestimmten Abgabenpflichtigen oder einer bestimmten Körperschaft zugeordnete Daten sind unter Beachtung von Weisungen gemäß Absatz 3 des Bundesministeriums der Finanzen weiterzuleiten. Nicht an die Landesfinanzbehörden weitergeleitete Daten sind vom Bundeszentralamt für Steuern für Zwecke von Verfahren im Sinne des § 30 Absatz 2 Nummer 1 Buchstabe a und b AO bis zum Ablauf des 15. Jahres nach dem Jahr des Datenzugangs zu speichern. Nach Satz 3 gespeicherte Daten dürfen nur für Verfahren im Sinne des § 30 Absatz 2 Nummer 1 Buchstabe a und b AO sowie zur Datenschutzkontrolle verarbeitet werden.

(5) Die Körperschaften, denen eine Abgabe zusteht, können zur Beurteilung der Notwendigkeit weiterer Ermittlungen und Prüfungen für eine gleichmäßige und gesetzmäßige Festsetzung von Abgaben und Abgabenvergütungen sowie Anrechnung von Abgabenabzugsbeträgen und Vorauszahlungen automationsgestützte Systeme einsetzen (Risikomanagementsysteme). Dabei soll auch der Grundsatz der Wirtschaftlichkeit der Verwaltung berücksichtigt werden. Das Risikomanagementsystem muss mindestens folgende Anforderungen erfüllen:

1. die Gewährleistung, dass durch Zufallsauswahl eine hinreichende Anzahl von Fällen zur umfassenden Prüfung durch Amtsträger ausgewählt wird,

2. die Prüfung der als prüfungsbedürftig ausgesteuerten Sachverhalte durch Amtsträger,

3. die Gewährleistung, dass Amtsträger Fälle für eine umfassende Prüfung auswählen können,

4. die regelmäßige Überprüfung der Risikomanagementsysteme auf ihre Zielerfüllung.

Einzelheiten der Risikomanagementsysteme dürfen nicht veröffentlicht werden, soweit dies die Gleichmäßigkeit und Gesetzmäßigkeit der Heranziehung zu Abgaben gefährden könnte. Auf dem Gebiet der von den Landesfinanzbehörden im Auftrag des Bundes verwalteten Steuern legen die obersten Finanzbehörden der Länder die Einzelheiten der Risikomanagementsysteme zur Gewährleistung eines bundeseinheitlichen Vollzugs der Abgabengesetze im Einvernehmen mit dem Bundesministerium der Finanzen fest.

§ 12 I Nr. 3 a) KAG i.V.m. § 88a AO: Sammlung von geschützten Daten

Soweit es zur Sicherstellung einer gleichmäßigen Festsetzung und Erhebung der Abgaben erforderlich ist, dürfen die Körperschaften, denen eine Abgabe zusteht, nach § 30 AO geschützte Daten auch für Zwecke künftiger Verfahren im Sinne des § 30 Abs. 2 Nr. 1 Buchstabe a und b AO, insbesondere zur Gewinnung von Vergleichswerten, in Dateisystemen verarbeiten. Eine Verarbeitung ist nur für Verfahren im Sinne des § 30 Abs. 2 Nr. 1 Buchstabe a und b AO zulässig.

§ 12 I Nr. 3 a) KAG i.V.m. § 88b AO: Länderübergreifender Abruf und Verwendung von Daten zur Verhütung, Ermittlung und Verfolgung von Abgabenverkürzungen

(1) Für Zwecke eines Verwaltungsverfahrens in Abgabensachen, eines Strafverfahrens wegen einer Abgabenstraftat oder eines Bußgeldverfahrens wegen einer Abgabenordnungswidrigkeit von Körperschaften, denen eine Abgabe zusteht, gespeicherte Daten dürfen zum gegenseitigen Datenabruf bereitgestellt und dann von den zuständigen Körperschaften zur Verhütung, Ermittlung oder Verfolgung von

1. länderübergreifenden Abgabenverkürzungen,

2. Abgabenverkürzungen von internationaler Bedeutung oder

3. Abgabenverkürzungen von erheblicher Bedeutung

untereinander abgerufen, im Wege des automatisierten Datenabgleichs überprüft, verwendet und gespeichert werden, auch soweit sie durch § 30 AO geschützt sind.

(2) Auswertungsergebnisse nach Absatz 1 sind den jeweils betroffenen zuständigen Körperschaften elektronisch zur Verfügung zu stellen.

(3) Durch Rechtsverordnung der jeweils zuständigen Landesregierung wird bestimmt, welche Körperschaften auf Landesebene für die in den Absätzen 1 und 2 genannten Tätigkeiten zuständig sind. Die Landesregierung kann diese Verpflichtung durch Rechtsverordnung auf die für die Finanzverwaltung zuständige oberste Landesbehörde übertragen.

§ 12 I Nr. 3 a) KAG i.V.m. § 89 AO: Beratung, Auskunft

(1) Die Körperschaft, der die Abgabe zusteht, soll die Abgaben von Erklärungen, die Stellung von Anträgen oder die Berichtigung von Erklärungen oder Anträgen anregen, wenn diese offensichtlich nur versehentlich oder aus Unkenntnis unterblieben oder unrichtig abgegeben oder gestellt worden sind. Sie erteilt, soweit erforderlich, Auskunft über die den Beteiligten im Verwaltungsverfahren zustehenden Rechte und die ihnen obliegenden Pflichten.

(2) Die Finanzämter und das Bundeszentralamt für Steuern können auf Antrag verbindliche Auskünfte über die abgabenrechtliche Beurteilung von genau bestimmten, noch nicht verwirklichten Sachverhalten erteilen, wenn daran im Hinblick auf die erheblichen abgabenrechtliche Auswirkungen ein besonderes Interesse besteht. Zuständig für die Erteilung einer verbindlichen Auskunft ist die Körperschaft, die bei Verwirklichung des dem Antrag zugrunde liegenden Sachverhalts örtlich zuständig sein würde. Bei Antragstellern, für die im Zeitpunkt der Antragstellung nach den §§ 18 bis 21 AO keine Körperschaft, zuständig ist, ist auf dem Gebiet der Steuern, die von den Landesfinanzbehörden im Auftrag des Bundes verwaltet werden, abweichend von Satz 2 das Bundeszentralamt für Steuern zuständig; in diesem Fall bindet die verbindliche Auskunft auch die Körperschaft, die bei der Verwirklichung des der Auskunft zugrunde liegenden Sachverhalts zuständig ist. Über den Antrag auf Erteilung einer verbindlichen Auskunft soll innerhalb von sechs Monaten ab Eingang des Antrags bei der zuständigen Körperschaft entschieden werden; kann die Körperschaft nicht innerhalb dieser Frist über den Antrag entscheiden, ist dies dem Antragsteller unter Angabe der Gründe mitzuteilen. Das Bundesministerium der Finanzen wird ermächtigt, mit Zustimmung des

Bundesrates durch Rechtsverordnung nähere Bestimmungen zu Form, Inhalt und Voraussetzungen des Antrages auf Erteilung einer verbindlichen Auskunft und zur Reichweite der Bindungswirkung zu treffen. In der Rechtsverordnung kann auch bestimmt werden, unter welchen Voraussetzungen eine verbindliche Auskunft gegenüber mehreren Beteiligten einheitlich zu erteilen ist und welche Körperschaft in diesem Fall für die Erteilung der verbindlichen Auskunft zuständig ist. Die Rechtsverordnung bedarf nicht der Zustimmung des Bundesrates, soweit sie die Versicherungsteuer betrifft.

(3) Für die Bearbeitung eines Antrags auf Erteilung einer verbindlichen Auskunft nach Absatz 2 wird eine Gebühr erhoben. Wird eine verbindliche Auskunft gegenüber mehreren Antragstellern einheitlich erteilt, ist nur eine Gebühr zu erheben; in diesem Fall sind alle Antragsteller Gesamtschuldner der Gebühr. Die Gebühr ist vom Antragsteller innerhalb eines Monats nach Bekanntgabe ihrer Festsetzung zu entrichten. Die Körperschaft kann die Entscheidung über den Antrag bis zur Entrichtung der Gebühr zurückstellen.

(4) Die Gebühr wird nach dem Wert berechnet, den die verbindliche Auskunft für den Antragsteller hat (Gegenstandswert). Der Antragsteller soll den Gegenstandswert und die für seine Bestimmung erheblichen Umstände in seinem Antrag auf Erteilung einer verbindlichen Auskunft darlegen. Die Körperschaft soll der Gebührenfestsetzung den vom Antragsteller erklärten Gegenstandswert zugrunde legen, soweit dies nicht zu einem offensichtlich unzutreffenden Ergebnis führt.

(5) Die Gebühr wird in entsprechender Anwendung des § 34 des Gerichtskostengesetzes mit einem Gebührensatz von 1,0 erhoben. § 39 Absatz 2 des Gerichtskostengesetzes ist entsprechend anzuwenden. Beträgt der Gegenstandswert weniger als 10 000 Euro, wird keine Gebühr erhoben.

(6) Ist ein Gegenstandswert nicht bestimmbar und kann er
auch nicht durch Schätzung bestimmt werden, ist eine Zeit-
gebühr zu berechnen; sie beträgt 50 Euro je angefangene
halbe Stunde Bearbeitungszeit. Beträgt die Bearbeitungszeit
weniger als zwei Stunden, wird keine Gebühr erhoben.

(7) Auf die Gebühr kann ganz oder teilweise verzichtet werden, wenn ihre Erhebung nach Lage des einzelnen Falls unbillig wäre. Die Gebühr kann insbesondere ermäßigt werden,
wenn ein Antrag auf Erteilung einer verbindlichen Auskunft
vor Bekanntgabe der Entscheidung der Körperschaft zurückgenommen wird.

§ 12 I Nr. 3 a) KAG i.V.m. § 90 AO: Mitwir-
kungspflichten der Beteiligten

(1) Die Beteiligten sind zur Mitwirkung bei der Ermittlung des
Sachverhalts verpflichtet. Sie kommen der Mitwirkungspflicht
insbesondere dadurch nach, dass sie die für die Heranziehung
zu Abgaben erheblichen Tatsachen vollständig und wahrheitsgemäß offenlegen und die ihnen bekannten Beweismittel
angeben. Der Umfang dieser Pflichten richtet sich nach den
Umständen des Einzelfalls.

(2) Ist ein Sachverhalt zu ermitteln und abgabenrechtlich zu
beurteilen, der sich auf Vorgänge außerhalb des Geltungsbereichs dieses Gesetzes bezieht, so haben die Beteiligten diesen Sachverhalt aufzuklären und die erforderlichen Beweismittel zu beschaffen. Sie haben dabei alle für sie bestehenden rechtlichen und tatsächlichen Möglichkeiten auszuschöp-
fen. Bestehen objektiv erkennbare Anhaltspunkte für die
Annahme, dass der Abgabenpflichtige über Geschäftsbeziehungen zu Finanzinstituten in einem Staat oder Gebiet ver-

fügt, mit dem kein Abkommen besteht, das die Erteilung von Auskünften entsprechend Artikel 26 des Musterabkommens der OECD zur Vermeidung der Doppelbesteuerung auf dem Gebiet der Steuern vom Einkommen und vom Vermögen in der Fassung von 2005 vorsieht, oder der Staat oder das Gebiet keine Auskünfte in einem vergleichbaren Umfang erteilt oder keine Bereitschaft zu einer entsprechenden Auskunftserteilung besteht, hat der Abgabenpflichtige nach Aufforderung der Körperschaft, der die Abgabe zusteht, die Richtigkeit und Vollständigkeit seiner Angaben an Eides statt zu versichern und die Körperschaft, der die Abgabe zusteht, zu bevollmächtigen, in seinem Namen mögliche Auskunftsansprüche gegenüber den von der Körperschaft benannten Kreditinstituten außergerichtlich und gerichtlich geltend zu machen; die Versicherung an Eides statt kann nicht nach § 328 AO erzwungen werden. Ein Beteiligter kann sich nicht darauf berufen, dass er Sachverhalte nicht aufklären oder Beweismittel nicht beschaffen kann, wenn er sich nach Lage des Falls bei der Gestaltung seiner Verhältnisse die Möglichkeit dazu hätte beschaffen oder einräumen lassen können.

(3) Ein Abgabenpflichtiger hat über die Art und den Inhalt seiner Geschäftsbeziehungen im Sinne des § 1 Absatz 4 des Außensteuergesetzes Aufzeichnungen zu erstellen. Die Aufzeichnungspflicht umfasst neben der Darstellung der Geschäftsvorfälle (Sachverhaltsdokumentation) auch die wirtschaftlichen und rechtlichen Grundlagen für eine den Fremdvergleichsgrundsatz beachtende Vereinbarung von Bedingungen, insbesondere Preisen (Verrechnungspreisen), sowie insbesondere Informationen zum Zeitpunkt der Verrechnungspreisbestimmung, zur verwendeten Verrechnungspreismethode und zu den verwendeten Fremdvergleichsdaten (Angemessenheitsdokumentation). Hat ein Abgabenpflichtiger

Aufzeichnungen im Sinne des Satzes 1 für ein Unternehmen zu erstellen, das Teil einer multinationalen Unternehmensgruppe ist, so gehört zu den Aufzeichnungen auch ein Überblick über die Art der weltweiten Geschäftstätigkeit der Unternehmensgruppe und über die von ihr angewandte Systematik der Verrechnungspreisbestimmung, es sei denn, der Umsatz des Unternehmens hat im vorangegangenen Wirtschaftsjahr weniger als 100 Millionen Euro betragen. Eine multinationale Unternehmensgruppe besteht aus mindestens zwei in verschiedenen Staaten ansässigen, im Sinne des § 1 Absatz 2 des Außensteuergesetzes einander nahestehenden Unternehmen oder aus mindestens einem Unternehmen mit mindestens einer Betriebsstätte in einem anderen Staat. Die Körperschaft, der die Abgabe zusteht, soll die Vorlage von Aufzeichnungen im Regelfall nur für die Durchführung einer Außenprüfung verlangen. Die Vorlage richtet sich nach § 97 AO. Sie hat jeweils auf Anforderung innerhalb einer Frist von 60 Tagen zu erfolgen. Aufzeichnungen über außergewöhnliche Geschäftsvorfälle sind zeitnah zu erstellen und innerhalb einer Frist von 30 Tagen nach Anforderung durch die Körperschaft, der die Abgabe zusteht, vorzulegen. In begründeten Einzelfällen kann die Vorlagefrist nach den Sätzen 7 und 8 verlängert werden. Die Aufzeichnungen sind auf Anforderung der Körperschaft, der die Abgabe zusteht, zu ergänzen. Um eine einheitliche Rechtsanwendung sicherzustellen, wird das Bundesministerium der Finanzen ermächtigt, mit Zustimmung des Bundesrates durch Rechtsverordnung Art, Inhalt und Umfang der zu erstellenden Aufzeichnungen zu bestimmen.

§ 12 I Nr. 3 a) KAG i.V.m. § 91 AO: Anhörung Beteiligter

(1) Bevor ein Verwaltungsakt erlassen wird, der in Rechte eines Beteiligten eingreift, soll diesem Gelegenheit gegeben werden, sich zu den für die Entscheidung erheblichen Tatsachen zu äußern. Dies gilt insbesondere, wenn von dem in der Steuererklärung erklärten Sachverhalt zuungunsten des Abgabenpflichtigen wesentlich abgewichen werden soll.

(2) Von der Anhörung kann abgesehen werden, wenn sie nach den Umständen des Einzelfalls nicht geboten ist, insbesondere wenn

1. eine sofortige Entscheidung wegen Gefahr im Verzug oder im öffentlichen Interesse notwendig erscheint,

2. durch die Anhörung die Einhaltung einer für die Entscheidung maßgeblichen Frist in Frage gestellt würde,

3. von den tatsächlichen Angaben eines Beteiligten, die dieser in einem Antrag oder einer Erklärung gemacht hat, nicht zu seinen Ungunsten abgewichen werden soll,

4. die Körperschaft, der die Abgabe zusteht, eine Allgemeinverfügung oder gleichartige Verwaltungsakte in größerer Zahl oder Verwaltungsakte mit Hilfe automatischer Einrichtungen erlassen will,

5. Maßnahmen in der Vollstreckung getroffen werden sollen.

(3) Eine Anhörung unterbleibt, wenn ihr ein zwingendes öffentliches Interesse entgegensteht.

§ 12 I Nr. 3 a) KAG i.V.m. § 92 AO: Beweismittel

Die Körperschaft, der die Abgabe zusteht, bedient sich der Beweismittel, die sie nach pflichtgemäßem Ermessen zur

Ermittlung des Sachverhalts für erforderlich hält. Sie kann insbesondere

1. Auskünfte jeder Art von den Beteiligten und anderen Personen einholen,

2. Sachverständige zuziehen,

3. Urkunden und Akten beiziehen,

4. den Augenschein einnehmen.

Beweis durch Auskünfte und Sachverständigengutachten

§ 12 I Nr. 3 a) KAG i.V.m. § 93 AO: Auskunftspflicht der Beteiligten und anderer Personen

(1) Die Beteiligten und andere Personen haben der Körperschaft, der die Abgabe zusteht, die zur Feststellung eines für die Heranziehung zu Abgaben erheblichen Sachverhalts erforderlichen Auskünfte zu erteilen. Dies gilt auch für nicht rechtsfähige Vereinigungen, Vermögensmassen, Behörden und Betriebe gewerblicher Art der Körperschaften des öffentlichen Rechts. Andere Personen als die Beteiligten sollen erst dann zur Auskunft angehalten werden, wenn die Sachverhaltsaufklärung durch die Beteiligten nicht zum Ziel führt oder keinen Erfolg verspricht.

(1a) Die Körperschaft, der die Abgabe zusteht, darf an andere Personen als die Beteiligten Auskunftsersuchen über eine ihr noch unbekannte Anzahl von Sachverhalten mit dem Grunde nach bestimmbaren, ihr noch nicht bekannten Personen stellen (Sammelauskunftsersuchen). Voraussetzung für ein Sammelauskunftsersuchen ist, dass ein hinreichender Anlass für die Ermittlungen besteht und andere zumutbare

Maßnahmen zur Sachverhaltsaufklärung keinen Erfolg versprechen. Absatz 1 Satz 3 ist nicht anzuwenden.

(2) In dem Auskunftsersuchen ist anzugeben, worüber Auskünfte erteilt werden sollen und ob die Auskunft für die Heranziehung zu Abgaben des Auskunftspflichtigen oder für die Heranziehung zu Abgaben anderer Personen angefordert wird. Auskunftsersuchen haben auf Verlangen des Auskunftspflichtigen schriftlich zu ergehen.

(3) Die Auskünfte sind wahrheitsgemäß nach bestem Wissen und Gewissen zu erteilen. Auskunftspflichtige, die nicht aus dem Gedächtnis Auskunft geben können, haben Bücher, Aufzeichnungen, Geschäftspapiere und andere Urkunden, die ihnen zur Verfügung stehen, einzusehen und, soweit nötig, Aufzeichnungen daraus zu entnehmen.

(4) Der Auskunftspflichtige kann die Auskunft schriftlich, elektronisch, mündlich oder fernmündlich erteilen. Die Körperschaft, der die Abgabe zusteht, kann verlangen, dass der Auskunftspflichtige schriftlich Auskunft erteilt, wenn dies sachdienlich ist.

(5) Die Körperschaft, der die Abgabe zusteht, kann anordnen, dass der Auskunftspflichtige eine mündliche Auskunft an Amtsstelle erteilt. Hierzu ist sie insbesondere dann befugt, wenn trotz Aufforderung eine schriftliche Auskunft nicht erteilt worden ist oder eine schriftliche Auskunft nicht zu einer Klärung des Sachverhalts geführt hat. Absatz 2 Satz 1 gilt entsprechend.

(6) Auf Antrag des Auskunftspflichtigen ist über die mündliche Auskunft an Amtsstelle eine Niederschrift aufzunehmen. Die Niederschrift soll den Namen der anwesenden Personen, den Ort, den Tag und den wesentlichen Inhalt der Auskunft enthalten. Sie soll von dem Amtsträger, dem die mündliche

Auskunft erteilt wird, und dem Auskunftspflichtigen unter-
schrieben werden. Den Beteiligten ist eine Abschrift der Niederschrift zu überlassen.

(7) Ein automatisierter Abruf von Kontoinformationen nach
§ 93b AO ist nur zulässig, soweit

1. der Abgabenpflichtige eine Steuerfestsetzung nach § 32d
Abs. 6 des Einkommensteuergesetzes beantragt oder

2. (weggefallen)

und der Abruf in diesen Fällen zur Festsetzung der Einkom-
mensteuer erforderlich ist oder er erforderlich ist

3. zur Feststellung von Einkünften nach den §§ 20 und 23
des Einkommensteuergesetzes in Veranlagungszeiträumen bis
einschließlich des Jahres 2008 oder

4. zur Erhebung von bundesgesetzlich geregelten Abgaben
oder Rückforderungsansprüchen bundesgesetzlich geregelter
Abgabenerstattungen und Abgabenvergütungen oder

4a. zur Ermittlung, in welchen Fällen ein inländischer Abgabenpflichtiger im Sinne des § 138 Absatz 2 Satz 1 AO Verfügungsberechtigter oder wirtschaftlich Berechtigter im Sinne
des Geldwäschegesetzes eines Kontos oder Depots einer
natürlichen Person, Personengesellschaft, Körperschaft, Personenvereinigung oder Vermögensmasse mit Wohnsitz, ge-
wöhnlichem Aufenthalt, Sitz, Hauptniederlassung oder Geschäftsleitung außerhalb des Geltungsbereichs dieses Gesetzes ist, oder

4b. zur Ermittlung der Heranziehungsgrundlagen in den Fällen des § 208 Absatz 1 Satz 1 Nummer 3 AO

oder

5. der Abgabenpflichtige zustimmt.

In diesen Fällen darf die Körperschaft, der die Abgabe zusteht, oder in den Fällen des § 1 Abs. 2 AO die Gemeinde das
Bundeszentralamt für Steuern ersuchen, bei den Kreditinstituten einzelne Daten aus den nach § 93b Absatz 1 und 1a AO
zu führenden Dateisystemen abzurufen; in den Fällen des
Satzes 1 Nummer 1 bis 4b darf ein Abrufersuchen nur dann
erfolgen, wenn ein Auskunftsersuchen an den Abgabenpflichtigen nicht zum Ziel geführt hat oder keinen Erfolg verspricht.

(8) Das Bundeszentralamt für Steuern erteilt auf Ersuchen
Auskunft über die in § 93b Absatz 1 und 1a AO bezeichneten
Daten, ausgenommen die Identifikationsnummer nach § 139b
AO,

1. den für die Verwaltung

a) der Grundsicherung für Arbeitsuchende nach dem Zweiten
Buch Sozialgesetzbuch,

b) der Sozialhilfe nach dem Zwölften Buch Sozialgesetzbuch,

c) der Ausbildungsförderung nach dem Bundesausbildungs-
förderungsgesetz,

d) der Aufstiegsfortbildungsförderung nach dem Aufstiegs-
fortbildungsförderungsgesetz,

e) des Wohngeldes nach dem Wohngeldgesetz,

f) der Leistungen nach dem Asylbewerberleistungsgesetz und

g) des Zuschlags an Entgeltpunkten für langjährige Versicherung nach dem Sechsten Buch Sozialgesetzbuch

zuständigen Behörden, soweit dies zur Überprüfung des Vor-
liegens der Anspruchsvoraussetzungen erforderlich ist und ein
vorheriges Auskunftsersuchen an die betroffene Person nicht
zum Ziel geführt hat oder keinen Erfolg verspricht;

2. den Polizeivollzugsbehörden des Bundes und der Länder,
soweit dies zur Abwehr einer erheblichen Gefahr für die öffentliche Sicherheit erforderlich ist, und

3. den Verfassungsschutzbehörden der Länder, soweit dies
für ihre Aufgabenerfüllung erforderlich ist und durch Landes-
gesetz ausdrücklich zugelassen ist.

Die für die Vollstreckung nach dem Verwaltungs-
Vollstreckungsgesetz und nach den Verwaltungsvollstre-
ckungsgesetzen der Länder zuständigen Behörden dürfen zur
Durchführung der Vollstreckung das Bundeszentralamt für
Steuern ersuchen, bei den Kreditinstituten die in § 93b Ab-
satz 1 und 1a AO bezeichneten Daten, ausgenommen die
Identifikationsnummer nach § 139b AO, abzurufen, wenn

1. der Vollstreckungsschuldner seiner Pflicht, eine Vermögensauskunft zu erteilen, nicht nachkommt oder

2. bei einer Vollstreckung in die Vermögensgegenstände, die
in der Vermögensauskunft angegeben sind, eine vollständige
Befriedigung der Forderung, wegen der die Vermögensauskunft verlangt wird, voraussichtlich nicht zu erwarten ist.

Für andere Zwecke ist ein Abrufersuchen an das Bundeszentralamt für Steuern hinsichtlich der in § 93b Absatz 1 und 1a
AO bezeichneten Daten, ausgenommen die Identifikationsnummer nach § 139b AO, nur zulässig, soweit dies durch ein
Bundesgesetz ausdrücklich zugelassen ist.

(8a) Kontenabrufersuchen an das Bundeszentralamt für Steuern sind nach amtlich vorgeschriebenem Datensatz über die
amtlich bestimmten Schnittstellen zu übermitteln; § 87a Absatz 6 und § 87b Absatz 1 und 2 AO gelten entsprechend.
Das Bundeszentralamt für Steuern kann Ausnahmen von der
elektronischen Übermittlung zulassen. Das Bundeszentralamt

für Steuern soll der ersuchenden Stelle die Ergebnisse des
Kontenabrufs elektronisch übermitteln; § 87a Absatz 7 und 8
AO gilt entsprechend.

(9) Vor einem Abrufersuchen nach Absatz 7 oder Absatz 8 ist
die betroffene Person auf die Möglichkeit eines Kontenabrufs
hinzuweisen; dies kann auch durch ausdrücklichen Hinweis in
amtlichen Vordrucken und Merkblättern geschehen. Nach
Durchführung eines Kontenabrufs ist die betroffene Person
vom Ersuchenden über die Durchführung zu benachrichtigen.
Ein Hinweis nach Satz 1 erster Halbsatz und eine Benachrichtigung nach Satz 2 unterbleiben, soweit die Voraussetzungen
des § 32b Absatz 1 AO vorliegen oder die Information der
betroffenen Person gesetzlich ausgeschlossen ist. § 32c Absatz 5 AO ist entsprechend anzuwenden. In den Fällen des
Absatzes 8 gilt Satz 4 entsprechend, soweit gesetzlich nichts
anderes bestimmt ist. Die Sätze 1 und 2 sind nicht anzuwenden in den Fällen des Absatzes 8 Satz 1 Nummer 2 oder 3
oder soweit dies bundesgesetzlich ausdrücklich bestimmt ist.

(10) Ein Abrufersuchen nach Absatz 7 oder Absatz 8 und
dessen Ergebnis sind vom Ersuchenden zu dokumentieren.

§ 12 I Nr. 3 a) KAG i.V.m. § 96 AO: Hinzuziehung von Sachverständigen

(1) Die Körperschaft, der die Abgabe zusteht, bestimmt, ob
ein Sachverständiger zuzuziehen ist. Soweit nicht Gefahr im
Verzug vorliegt, hat sie die Person, die sie zum Sachverständigen ernennen will, den Beteiligten vorher bekannt zu geben.

(2) Die Beteiligten können einen Sachverständigen wegen
Besorgnis der Befangenheit ablehnen, wenn ein Grund vor-

liegt, der geeignet ist, Zweifel an seiner Unparteilichkeit zu
rechtfertigen oder wenn von seiner Tätigkeit die Verletzung
eines Geschäfts- oder Betriebsgeheimnisses oder Schaden für
die geschäftliche Tätigkeit eines Beteiligten zu befürchten ist.
Die Ablehnung ist der Körperschaft gegenüber unverzüglich
nach Bekanntgabe der Person des Sachverständigen, jedoch
spätestens innerhalb von zwei Wochen unter Glaubhaftma-
chung der Ablehnungsgründe geltend zu machen. Nach diesem Zeitpunkt ist die Ablehnung nur zulässig, wenn glaubhaft
gemacht wird, dass der Ablehnungsgrund vorher nicht geltend gemacht werden konnte. Über die Ablehnung entscheidet die Körperschaft, die den Sachverständigen ernannt hat
oder ernennen will. Das Ablehnungsgesuch hat keine auf-
schiebende Wirkung.

(3) Der zum Sachverständigen Ernannte hat der Ernennung
Folge zu leisten, wenn er zur Erstattung von Gutachten der
erforderlichen Art öffentlich bestellt ist oder wenn er die Wissenschaft, die Kunst oder das Gewerbe, deren Kenntnis Voraussetzung der Begutachtung ist, öffentlich zum Erwerb
ausübt oder wenn er zur Ausübung derselben öffentlich bestellt oder ermächtigt ist. Zur Erstattung des Gutachtens ist
auch derjenige verpflichtet, der sich hierzu der Körperschaft,
der eine Abgabe zusteht, gegenüber bereit erklärt hat.

(4) Der Sachverständige kann die Erstattung des Gutachtens
unter Angabe der Gründe wegen Besorgnis der Befangenheit
ablehnen.

(5) Angehörige des öffentlichen Dienstes sind als Sachverständige nur dann zuzuziehen, wenn sie die nach dem Dienst-
recht erforderliche Genehmigung erhalten.

(6) Die Sachverständigen sind auf die Vorschriften über die Wahrung des Geheimnisses der kommunalen Steuern hinzuweisen.

(7) Das Gutachten ist regelmäßig schriftlich zu erstatten. Die mündliche Erstattung des Gutachtens kann zugelassen werden. Die Beeidigung des Gutachtens darf nur gefordert werden, wenn die Körperschaft, der die Abgabe zusteht, dies mit Rücksicht auf die Bedeutung des Gutachtens für geboten hält.

Beweis durch Urkunden und Augenschein

§ 12 I Nr. 3 a) KAG i.V.m. § 97 AO: Vorlage von Urkunden

(1) Die Beteiligten und andere Personen haben der Körperschaft, der die Abgabe zusteht, auf Verlangen Bücher, Aufzeichnungen, Geschäftspapiere und andere Urkunden zur Einsicht und Prüfung vorzulegen. Im Vorlageverlangen ist anzugeben, ob die Urkunden für die Heranziehung zu Abgaben des zur Vorlage Aufgeforderten oder für die Heranziehung zu Abgaben anderer Personen benötigt werden. § 93 Absatz 1 Satz 2 und 3 AO gilt entsprechend.

(2) Die Körperschaft, der die Abgabe zusteht, kann die Vorlage der in Absatz 1 genannten Urkunden an Amtsstelle verlangen oder sie bei dem Vorlagepflichtigen einsehen, wenn dieser einverstanden ist oder die Urkunden für eine Vorlage an Amtsstelle ungeeignet sind. § 147 Abs. 5 AO gilt entsprechend.

§ 12 I Nr. 3 a) KAG i.V.m. § 98 AO: Einnahme des Augenscheins

(1) Führt die Körperschaft, der die Abgabe zusteht, einen Augenschein durch, so ist das Ergebnis aktenkundig zu machen.

(2) Bei der Einnahme des Augenscheins können Sachverständige zugezogen werden.

§ 12 I Nr. 3 a) KAG i.V.m. § 99 AO: Betreten von Grundstücken und Räumen

(1) Die von der Körperschaft, der die Abgabe zusteht, mit der Einnahme des Augenscheins betrauten Amtsträger und die nach den §§ 96 und 98 AO zugezogenen Sachverständigen sind berechtigt, Grundstücke, Räume, Schiffe, umschlossene Betriebsvorrichtungen und ähnliche Einrichtungen während der üblichen Geschäfts- und Arbeitszeit zu betreten, soweit dies erforderlich ist, um im Interesse der Heranziehung zu Abgaben Feststellungen zu treffen. Die betroffenen Personen sollen angemessene Zeit vorher benachrichtigt werden. Wohnräume dürfen gegen den Willen des Inhabers nur zur Verhütung dringender Gefahren für die öffentliche Sicherheit und Ordnung betreten werden.

(2) Maßnahmen nach Absatz 1 dürfen nicht zu dem Zweck angeordnet werden, nach unbekannten Gegenständen zu forschen.

Auskunfts- und Vorlageverweigerungs-
rechte

§ 12 I Nr. 3 a) KAG i.V.m. § 101 AO: Aus-
kunfts- und Eidesverweigerungsrecht der Angehörigen

(1) Die Angehörigen (§ 15 AO) eines Beteiligten können die
Auskunft verweigern, soweit sie nicht selbst als Beteiligte
über ihre eigenen abgabenrechtlichen Verhältnisse auskunftspflichtig sind oder die Auskunftspflicht für einen Beteiligten zu erfüllen haben. Die Angehörigen sind über das Auskunftsverweigerungsrecht zu belehren. Die Belehrung ist
aktenkundig zu machen.

§ 12 I Nr. 3 a) KAG i.V.m. § 102 AO: Aus-
kunftsverweigerungsrecht zum Schutz bestimmter Berufsgeheimnisse

(1) Die Auskunft können ferner verweigern:

1. Geistliche über das, was ihnen in ihrer Eigenschaft als
Seelsorger anvertraut worden oder bekannt geworden ist,

2. Mitglieder des Bundestages, eines Landtages oder einer
zweiten Kammer über Personen, die ihnen in ihrer Eigenschaft als Mitglieder dieser Organe oder denen sie in dieser
Eigenschaft Tatsachen anvertraut haben, sowie über diese
Tatsachen selbst,

3.

a) Verteidiger,

b) Rechtsanwälte, Patentanwälte, Notare, Steuerberater,
Wirtschaftsprüfer, Steuerbevollmächtigte, vereidigte Buchprüfer,

§ 12 I Nr. 3 a) KAG i.V.m. § 102 AO:
Auskunftsverweigerungsrecht zum Schutz bestimmter
Berufsgeheimnisse

c) Ärzte, Zahnärzte, Psychologische Psychotherapeuten, Kinder- und Jugendlichenpsychotherapeuten, Apotheker und Hebammen,

über das, was ihnen in dieser Eigenschaft anvertraut worden oder bekannt geworden ist,

4. Personen, die bei der Vorbereitung, Herstellung oder Verbreitung von periodischen Druckwerken oder Rundfunksendungen berufsmäßig mitwirken oder mitgewirkt haben, über die Person des Verfassers, Einsenders oder Gewährsmanns von Beiträgen und Unterlagen sowie über die ihnen im Hinblick auf ihre Tätigkeit gemachten Mitteilungen, soweit es sich um Beiträge, Unterlagen und Mitteilungen für den redaktionellen Teil handelt; § 160 AO bleibt unberührt.

(2) Den im Absatz 1 Nr. 1 bis 3 genannten Personen stehen ihre Gehilfen und die Personen gleich, die zur Vorbereitung auf den Beruf an der berufsmäßigen Tätigkeit teilnehmen. Über die Ausübung des Rechts dieser Hilfspersonen, die Auskunft zu verweigern, entscheiden die im Absatz 1 Nr. 1 bis 3 genannten Personen, es sei denn, dass diese Entscheidung in absehbarer Zeit nicht herbeigeführt werden kann.

(3) Die in Absatz 1 Nr. 3 genannten Personen dürfen die Auskunft nicht verweigern, wenn sie von der Verpflichtung zur Verschwiegenheit entbunden sind. Die Entbindung von der Verpflichtung zur Verschwiegenheit gilt auch für die Hilfspersonen.

(4) Die gesetzlichen Anzeigepflichten der Notare und die Mitteilungspflichten der in Absatz 1 Nr. 3 Buchstabe b bezeichneten Personen nach der Zinsinformationsverordnung vom 26. Januar 2004 (BGBl. I S. 128), die zuletzt durch Artikel 4 Abs. 28 des Gesetzes vom 22. September 2005 (BGBl. I

§ 12 I Nr. 3 a) KAG i.V.m. § 103 AO:
Auskunftsverweigerungsrecht bei Gefahr der Verfolgung
wegen einer Straftat oder einer Ordnungswidrigkeit

S. 2809) geändert worden ist, in der jeweils geltenden Fassung bleiben unberührt. Soweit die Anzeigepflichten bestehen, sind die Notare auch zur Vorlage von Urkunden und zur Erteilung weiterer Auskünfte verpflichtet. Die Mitteilungspflichten der in Absatz 1 Nummer 3 Buchstabe b bezeichneten Personen hinsichtlich der in § 138f Absatz 3 Satz 1 Nummer 1 und 4 bis 9 AO bezeichneten Angaben bestehen auch dann, wenn mit diesen Angaben betroffene Nutzer identifizierbar sein sollten.

§ 12 I Nr. 3 a) KAG i.V.m. § 103 AO: Auskunftsverweigerungsrecht bei Gefahr der Verfolgung wegen einer Straftat oder einer Ordnungswidrigkeit

Personen, die nicht Beteiligte und nicht für einen Beteiligten auskunftspflichtig sind, können die Auskunft auf solche Fragen verweigern, deren Beantwortung sie selbst oder einen ihrer Angehörigen (§ 15 AO) der Gefahr aussetzen würde, wegen einer Straftat oder einer Ordnungswidrigkeit verfolgt zu werden. Über das Recht, die Auskunft zu verweigern, sind sie zu belehren. Die Belehrung ist aktenkundig zu machen.

§ 12 I Nr. 3 a) KAG i.V.m. § 104 AO: Verweigerung der Erstattung eines Gutachtens und der Vorlage von Urkunden

(1) Soweit die Auskunft verweigert werden darf, kann auch die Erstattung eines Gutachtens und die Vorlage von Urkunden oder Wertsachen verweigert werden. § 102 Abs. 4 Satz 2 AO bleibt unberührt.

§ 12 I Nr. 3 a) KAG i.V.m. § 105 AO: Verhältnis der
Auskunfts- und Vorlagepflicht zur Schweigepflicht öffentlicher
Stellen

(2) Nicht verweigert werden kann die Vorlage von Urkunden
und Wertsachen, die für den Beteiligten aufbewahrt werden,
soweit der Beteiligte bei eigenem Gewahrsam zur Vorlage
verpflichtet wäre. Für den Beteiligten aufbewahrt werden
auch die für ihn geführten Geschäftsbücher und sonstigen
Aufzeichnungen.

§ 12 I Nr. 3 a) KAG i.V.m. § 105 AO: Verhältnis der Auskunfts- und Vorlagepflicht zur Schweigepflicht öffentlicher Stellen

(1) Die Verpflichtung der Behörden oder sonstiger öffentlicher
Stellen einschließlich der Deutschen Bundesbank, der Staats-
banken und der Schuldenverwaltungen sowie der Organe und
Bediensteten dieser Stellen zur Verschwiegenheit gilt nicht für
ihre Auskunfts- und Vorlagepflicht gegenüber den Körperschaften, denen eine Abgabe zusteht.

(2) Absatz 1 gilt nicht, soweit die Behörden und die mit post-
dienstlichen Verrichtungen betrauten Personen gesetzlich
verpflichtet sind, das Brief-, Post- und Fernmeldegeheimnis
zu wahren.

§ 12 I Nr. 3 a) KAG i.V.m. § 106 AO: Beschränkung der Auskunfts- und Vorlagepflicht bei Beeinträchtigung des staatlichen Wohls

Eine Auskunft oder die Vorlage von Urkunden darf nicht gefordert werden, wenn die zuständige oberste Bundes- oder
Landesbehörde erklärt, dass die Auskunft oder Vorlage dem
Wohl des Bundes oder eines Landes erhebliche Nachteile
bereiten würde.

Entschädigung der Auskunftspflichtigen und der Sachverständigen

§ 12 I Nr. 3 a) KAG i.V.m. § 107 AO: Entschädigung der Auskunftspflichtigen und der Sachverständigen

Auskunftspflichtige, Vorlagepflichtige und Sachverständige, die die Körperschaft zu Beweiszwecken herangezogen hat, erhalten auf Antrag eine Entschädigung oder Vergütung in entsprechender Anwendung des Justizvergütungs- und -entschädigungsgesetzes. Dies gilt nicht für die Beteiligten und für die Personen, die für die Beteiligten die Auskunfts- oder Vorlagepflicht zu erfüllen haben.

Fristen und Termine

§ 12 I Nr. 3 a) KAG i.V.m. § 108 AO: Fristen und Termine

(1) Für die Berechnung von Fristen und für die Bestimmung von Terminen gelten die §§ 187 bis 193 des Bürgerlichen Gesetzbuchs entsprechend, soweit nicht durch die Absätze 2 bis 5 etwas anderes bestimmt ist.

(2) Der Lauf einer Frist, die von einer Behörde gesetzt wird, beginnt mit dem Tag, der auf die Bekanntgabe der Frist folgt, außer wenn der betroffenen Person etwas anderes mitgeteilt wird.

(3) Fällt das Ende einer Frist auf einen Sonntag, einen gesetzlichen Feiertag oder einen Sonnabend, so endet die Frist mit dem Ablauf des nächstfolgenden Werktags.

(4) Hat eine Behörde Leistungen nur für einen bestimmten
Zeitraum zu erbringen, so endet dieser Zeitraum auch dann
mit dem Ablauf seines letzten Tages, wenn dieser auf einen
Sonntag, einen gesetzlichen Feiertag oder einen Sonnabend
fällt.

(5) Der von einer Behörde gesetzte Termin ist auch dann
einzuhalten, wenn er auf einen Sonntag, gesetzlichen Feiertag oder Sonnabend fällt.

(6) Ist eine Frist nach Stunden bestimmt, so werden Sonnta-
ge, gesetzliche Feiertage oder Sonnabende mitgerechnet.

§ 12 I Nr. 3 a) KAG i.V.m. § 109 AO: Verlänge-
rung von Fristen

(1) Fristen zur Einreichung von Steuererklärungen und Fristen, die von einer Körperschaft, der eine Abgabe zusteht,
gesetzt sind, können vorbehaltlich des Absatzes 2 verlängert
werden. Sind solche Fristen bereits abgelaufen, können sie
vorbehaltlich des Absatzes 2 rückwirkend verlängert werden,
insbesondere wenn es unbillig wäre, die durch den Fristablauf
eingetretenen Rechtsfolgen bestehen zu lassen.

(2) Absatz 1 ist

1. in den Fällen des § 149 Absatz 3 AO auf Zeiträume nach
dem letzten Tag des Monats Februar des zweiten auf den
Heranziehungszeitraum folgenden Kalenderjahres und

2. in den Fällen des § 149 Absatz 4 AO auf Zeiträume nach
dem in der Anordnung bestimmten Zeitpunkt

nur anzuwenden, falls der Abgabenpflichtige ohne Verschulden verhindert ist oder war, die Steuererklärungsfrist einzuhalten. Bei Abgabenpflichtigen, die ihren Gewinn aus Land-

und Forstwirtschaft nach einem vom Kalenderjahr abweichenden Wirtschaftsjahr ermitteln, tritt an die Stelle des letzten Tages des Monats Februar der 31. Juli des zweiten auf den Heranziehungszeitraum folgenden Kalenderjahres. Das Verschulden eines Vertreters oder eines Erfüllungsgehilfen ist dem Abgabenpflichtigen zuzurechnen.

(3) Die Körperschaft, der die Abgabe zusteht, kann die Verlängerung der Frist mit einer Nebenbestimmung versehen, insbesondere von einer Sicherheitsleistung abhängig machen.

(4) Fristen zur Einreichung von Steuererklärungen und Fristen, die von einer Körperschaft, der die Abgabe zusteht, gesetzt sind, können ausschließlich automationsgestützt verlängert werden, sofern zur Prüfung der Fristverlängerung ein automationsgestütztes Risikomanagementsystem nach § 88 Absatz 5 AO eingesetzt wird und kein Anlass dazu besteht, den Einzelfall durch Amtsträger zu bearbeiten.

Rechts- und Amtshilfe

§ 12 I Nr. 3 a) KAG i.V.m. § 111 AO: Amtshilfepflicht

(1) Alle Gerichte und Behörden haben die zur Durchführung der Heranziehung zu Abgaben erforderliche Amtshilfe zu leisten. § 102 AO bleibt unberührt.

(2) Amtshilfe liegt nicht vor, wenn

1. Behörden einander innerhalb eines bestehenden Weisungsverhältnisses Hilfe leisten,

2. die Hilfeleistung in Handlungen besteht, die der ersuchten Behörde als eigene Aufgabe obliegen.

(3) Schuldenverwaltungen, Kreditinstitute sowie Betriebe gewerblicher Art der Körperschaften des öffentlichen Rechts fallen nicht unter diese Vorschrift.

(5) Die §§ 105 und 106 AO sind entsprechend anzuwenden.

§ 12 I Nr. 3 a) KAG i.V.m. § 112 AO: Voraussetzungen und Grenzen der Amtshilfe

(1) Eine Körperschaft, der eine Abgabe zusteht, kann um Amtshilfe insbesondere dann ersuchen, wenn sie

1. aus rechtlichen Gründen die Amtshandlung nicht selbst vornehmen kann,

2. aus tatsächlichen Gründen, besonders weil die zur Vornahme der Amtshandlung erforderlichen Dienstkräfte oder Einrichtungen fehlen, die Amtshandlung nicht selbst vornehmen kann,

3. zur Durchführung ihrer Aufgaben auf die Kenntnis von Tatsachen angewiesen ist, die ihr unbekannt sind und die sie selbst nicht ermitteln kann,

4. zur Durchführung ihrer Aufgaben Urkunden oder sonstige Beweismittel benötigt, die sich im Besitz der ersuchten Behörde befinden,

5. die Amtshandlung nur mit wesentlich größerem Aufwand vornehmen könnte als die ersuchte Behörde.

(2) Die ersuchte Behörde darf Hilfe nicht leisten, wenn sie hierzu aus rechtlichen Gründen nicht in der Lage ist.

(3) Die ersuchte Behörde braucht Hilfe nicht zu leisten, wenn

1. eine andere Behörde die Hilfe wesentlich einfacher oder mit wesentlich geringerem Aufwand leisten kann,

2. sie die Hilfe nur mit unverhältnismäßig großem Aufwand leisten könnte,

3. sie unter Berücksichtigung der Aufgaben der ersuchenden Körperschaft durch den Umfang der Hilfeleistung die Erfüllung ihrer eigenen Aufgaben ernstlich gefährden würde.

(4) Die ersuchte Behörde darf die Hilfe nicht deshalb verweigern, weil sie das Ersuchen aus anderen als den in Absatz 3 genannten Gründen oder weil sie die mit der Amtshilfe zu verwirklichende Maßnahme für unzweckmäßig hält.

(5) Hält die ersuchte Behörde sich zur Hilfe nicht für verpflichtet, so teilt sie der ersuchenden Körperschaft ihre Auffassung mit. Besteht diese auf der Amtshilfe, so entscheidet über die Verpflichtung zur Amtshilfe die gemeinsame fachlich zuständige Aufsichtsbehörde oder, sofern eine solche nicht besteht, die für die ersuchte Behörde fachlich zuständige Aufsichtsbehörde.

§ 12 I Nr. 3 a) KAG i.V.m. § 113 AO: Auswahl der Behörde

Kommen für die Amtshilfe mehrere Behörden in Betracht, so soll nach Möglichkeit eine Behörde der untersten Verwaltungsstufe des Verwaltungszweigs ersucht werden, dem die ersuchende Körperschaft angehört.

§ 12 I Nr. 3 a) KAG i.V.m. § 114 AO: Durchführung der Amtshilfe

(1) Die Zulässigkeit der Maßnahme, die durch die Amtshilfe verwirklicht werden soll, richtet sich nach dem für die ersuchende Körperschaft, die Durchführung der Amtshilfe nach dem für die ersuchte Behörde geltenden Recht.

(2) Die ersuchende Körperschaft trägt gegenüber der ersuchten Behörde die Verantwortung für die Rechtmäßigkeit der zu treffenden Maßnahme. Die ersuchte Behörde ist für die Durchführung der Amtshilfe verantwortlich.

§ 12 I Nr. 3 a) KAG i.V.m. § 115 AO: Kosten der Amtshilfe

(1) Die ersuchende Körperschaft hat der ersuchten Behörde für die Amtshilfe keine Verwaltungsgebühr zu entrichten. Auslagen hat sie der ersuchten Behörde auf Anforderung zu erstatten, wenn sie im Einzelfall 25 Euro übersteigen. Leisten Behörden desselben Rechtsträgers einander Amtshilfe, so werden die Auslagen nicht erstattet.

(2) Nimmt die ersuchte Behörde zur Durchführung der Amtshilfe eine kostenpflichtige Amtshandlung vor, so stehen ihr die von einem Dritten hierfür geschuldeten Kosten (Verwaltungsgebühren, Benutzungsgebühren und Auslagen) zu.

§ 12 I Nr. 3 a) KAG i.V.m. § 117 AO: Zwischenstaatliche Rechts- und Amtshilfe in Abgabensachen

(1) Die Körperschaften, denen eine Abgabe zusteht, können zwischenstaatliche Rechts- und Amtshilfe nach Maßgabe des deutschen Rechts in Anspruch nehmen.

(2) Die Körperschaften, denen eine Abgabe zusteht, können zwischenstaatliche Rechts- und Amtshilfe auf Grund innerstaatlich anwendbarer völkerrechtlicher Vereinbarungen, innerstaatlich anwendbarer Rechtsakte der Europäischen Union sowie des EU-Amtshilfegesetzes leisten.

(4) Bei der Durchführung der Rechts- und Amtshilfe richten sich die Befugnisse der Körperschaften, denen eine Abgabe zusteht, sowie die Rechte und Pflichten der Beteiligten und anderer Personen nach den für Steuern im Sinne von § 1 Abs. 1AO geltenden Vorschriften. § 114 AO findet entsprechende Anwendung. Bei der Übermittlung von Auskünften und Unterlagen gilt für inländische Beteiligte § 91 AO entsprechend; soweit die Rechts- und Amtshilfe Abgaben betrifft, die von den Landesfinanzbehörden verwaltet werden, hat eine Anhörung des inländischen Beteiligten abweichend von § 91 Abs. 1 AO stets stattzufinden, es sei denn, die Umsatzsteuer ist betroffen, es findet ein Informationsaustausch auf Grund des EU-Amtshilfegesetzes statt oder es liegt eine Ausnahme nach § 91 Abs. 2 oder 3 AO vor.

Verwaltungsakte

§ 12 I Nr. 3 b) KAG i.V.m. § 118 AO: Begriff des Verwaltungsakts

Verwaltungsakt ist jede Verfügung, Entscheidung oder andere hoheitliche Maßnahme, die eine Behörde zur Regelung eines Einzelfalls auf dem Gebiet des öffentlichen Rechts trifft und die auf unmittelbare Rechtswirkung nach außen gerichtet ist. Allgemeinverfügung ist ein Verwaltungsakt, der sich an einen nach allgemeinen Merkmalen bestimmten oder bestimmbaren Personenkreis richtet oder die öffentlich-rechtliche Eigenschaft einer Sache oder ihre Benutzung durch die Allgemeinheit betrifft.

§ 12 I Nr. 3 b) KAG i.V.m. § 119 AO: Bestimmtheit und Form des Verwaltungsakts

(1) Ein Verwaltungsakt muss inhaltlich hinreichend bestimmt sein.

(2) Ein Verwaltungsakt kann schriftlich, elektronisch, mündlich oder in anderer Weise erlassen werden. Ein mündlicher Verwaltungsakt ist schriftlich zu bestätigen, wenn hieran ein berechtigtes Interesse besteht und die betroffene Person dies unverzüglich verlangt.

(3) Ein schriftlich oder elektronisch erlassener Verwaltungsakt muss die erlassende Behörde erkennen lassen. Ferner muss er die Unterschrift oder die Namenswiedergabe des Behördenleiters, seines Vertreters oder seines Beauftragten enthalten; dies gilt nicht für einen Verwaltungsakt, der formularmäßig oder mit Hilfe automatischer Einrichtungen erlassen wird. Ist für einen Verwaltungsakt durch Gesetz eine Schriftform angeordnet, so muss bei einem elektronischen Verwaltungsakt auch das der Signatur zugrunde liegende qualifizierte Zertifikat oder ein zugehöriges qualifiziertes Attributzertifikat die erlassende Behörde erkennen lassen. Im Falle des § 87a Absatz 4 Satz 3 AO muss die Bestätigung nach § 5 Absatz 5 des De-Mail-Gesetzes die erlassende Körperschaft als Nutzer des De-Mail-Kontos erkennen lassen.

§ 12 I Nr. 3 b) KAG i.V.m. § 120 AO: Nebenbestimmungen zum Verwaltungsakt

(1) Ein Verwaltungsakt, auf den ein Anspruch besteht, darf mit einer Nebenbestimmung nur versehen werden, wenn sie durch Rechtsvorschrift zugelassen ist oder wenn sie sicher-

stellen soll, dass die gesetzlichen Voraussetzungen des Verwaltungsakts erfüllt werden.

(2) Unbeschadet des Absatzes 1 darf ein Verwaltungsakt nach pflichtgemäßem Ermessen erlassen werden mit

1. einer Bestimmung, nach der eine Vergünstigung oder Belastung zu einem bestimmten Zeitpunkt beginnt, endet oder für einen bestimmten Zeitraum gilt (Befristung),

2. einer Bestimmung, nach der der Eintritt oder der Wegfall einer Vergünstigung oder einer Belastung von dem ungewissen Eintritt eines zukünftigen Ereignisses abhängt (Bedingung),

3. einem Vorbehalt des Widerrufs

oder verbunden werden mit

4. einer Bestimmung, durch die dem Begünstigten ein Tun, Dulden oder Unterlassen vorgeschrieben wird (Auflage),

5. einem Vorbehalt der nachträglichen Aufnahme, Änderung oder Ergänzung einer Auflage.

(3) Eine Nebenbestimmung darf dem Zweck des Verwaltungsakts nicht zuwiderlaufen.

§ 12 I Nr. 3 b) KAG i.V.m. § 121 AO: Begründung des Verwaltungsakts

(1) Ein schriftlicher, elektronischer sowie ein schriftlich oder elektronisch bestätigter Verwaltungsakt ist mit einer Begründung zu versehen, soweit dies zu seinem Verständnis erforderlich ist.

(2) Einer Begründung bedarf es nicht,

1. soweit die Körperschaft einem Antrag entspricht oder einer Erklärung folgt und der Verwaltungsakt nicht in Rechte eines anderen eingreift,

2. soweit demjenigen, für den der Verwaltungsakt bestimmt ist oder der von ihm betroffen wird, die Auffassung der Körperschaft über die Sach- und Rechtslage bereits bekannt oder auch ohne Begründung für ihn ohne weiteres erkennbar ist,

3. wenn die Körperschaft gleichartige Verwaltungsakte in größerer Zahl oder Verwaltungsakte mit Hilfe automatischer Einrichtungen erlässt und die Begründung nach den Umständen des Einzelfalls nicht geboten ist,

4. wenn sich dies aus einer Rechtsvorschrift ergibt,

5. wenn eine Allgemeinverfügung öffentlich bekannt gegeben wird.

§ 12 I Nr. 3 b) KAG i.V.m. § 122 AO: Bekanntgabe des Verwaltungsakts

(1) Ein Verwaltungsakt ist demjenigen Beteiligten bekannt zu geben, für den er bestimmt ist oder der von ihm betroffen wird. § 34 Abs. 12 AO ist entsprechend anzuwenden. Der Verwaltungsakt kann auch gegenüber einem Bevollmächtigten bekannt gegeben werden. Er soll dem Bevollmächtigten bekannt gegeben werden, wenn der Körperschaft, der die Abgabe zusteht, eine schriftliche oder eine nach amtlich vorgeschriebenem Datensatz elektronisch übermittelte Empfangsvollmacht vorliegt, solange dem Bevollmächtigten nicht eine Zurückweisung nach § 80 Absatz 7 AO bekannt gegeben worden ist.

(2) Ein schriftlicher Verwaltungsakt, der durch die Post übermittelt wird, gilt als bekannt gegeben

1. bei einer Übermittlung im Inland am dritten Tage nach der Aufgabe zur Post,

2. bei einer Übermittlung im Ausland einen Monat nach der Aufgabe zur Post,

außer wenn er nicht oder zu einem späteren Zeitpunkt zugegangen ist; im Zweifel hat die Behörde den Zugang des Verwaltungsakts und den Zeitpunkt des Zugangs nachzuweisen.

(2a) Ein elektronisch übermittelter Verwaltungsakt gilt am dritten Tage nach der Absendung als bekannt gegeben, außer wenn er nicht oder zu einem späteren Zeitpunkt zugegangen ist; im Zweifel hat die Behörde den Zugang des Verwaltungsakts und den Zeitpunkt des Zugangs nachzuweisen.

(3) Ein Verwaltungsakt darf öffentlich bekannt gegeben werden, wenn dies durch Rechtsvorschrift zugelassen ist. Eine Allgemeinverfügung darf auch dann öffentlich bekannt gegeben werden, wenn eine Bekanntgabe an die Beteiligten untunlich ist.

(4) Die öffentliche Bekanntgabe eines Verwaltungsakts wird dadurch bewirkt, dass sein verfügender Teil ortsüblich bekannt gemacht wird. In der ortsüblichen Bekanntmachung ist anzugeben, wo der Verwaltungsakt und seine Begründung eingesehen werden können. Der Verwaltungsakt gilt zwei Wochen nach dem Tag der ortsüblichen Bekanntmachung als bekannt gegeben. In einer Allgemeinverfügung kann ein hiervon abweichender Tag, jedoch frühestens der auf die Bekanntmachung folgende Tag bestimmt werden.

(5) Ein Verwaltungsakt wird zugestellt, wenn dies gesetzlich vorgeschrieben ist oder behördlich angeordnet wird. Die Zustellung richtet sich vorbehaltlich des Satzes 3 nach den Vorschriften des Verwaltungszustellungsgesetzes. Für die Zustel-

lung an einen Bevollmächtigten gilt abweichend von § 7 Absatz 1 Satz 2 des Verwaltungszustellungsgesetzes Absatz 1 Satz 4 entsprechend.

(6) Die Bekanntgabe eines Verwaltungsakts an einen Beteiligten zugleich mit Wirkung für und gegen andere Beteiligte ist zulässig, soweit die Beteiligten einverstanden sind; diese Beteiligten können nachträglich eine Abschrift des Verwaltungsakts verlangen.

(7) Betreffen Verwaltungsakte

1. Ehegatten oder Lebenspartner oder

2. Ehegatten mit ihren Kindern, Lebenspartner mit ihren Kindern oder Alleinstehende mit ihren Kindern,

so reicht es für die Bekanntgabe an alle Beteiligten aus, wenn ihnen eine Ausfertigung unter ihrer gemeinsamen Anschrift übermittelt wird. Die Verwaltungsakte sind den Beteiligten einzeln bekannt zu geben, soweit sie dies beantragt haben oder soweit der Körperschaft bekannt ist, dass zwischen ihnen ernstliche Meinungsverschiedenheiten bestehen.

§ 12 I Nr. 3 b) KAG i.V.m. § 122a AO: Bekanntgabe von Verwaltungsakten durch Bereitstellung zum Datenabruf

(1) Verwaltungsakte können mit Einwilligung des Beteiligten oder der von ihm bevollmächtigten Person bekannt gegeben werden, indem sie zum Datenabruf durch Datenfernübertragung bereitgestellt werden.

(2) Die Einwilligung kann jederzeit mit Wirkung für die Zukunft widerrufen werden. Der Widerruf wird der Körperschaft gegenüber erst wirksam, wenn er ihr zugeht.

(3) Für den Datenabruf hat sich die abrufberechtigte Person
nach Maßgabe des § 87a Absatz 8 AO zu authentisieren.

(4) Ein zum Abruf bereitgestellter Verwaltungsakt gilt am
dritten Tag nach Absendung der elektronischen Benachrichtigung über die Bereitstellung der Daten an die abrufberechtigte Person als bekannt gegeben. Im Zweifel hat die Behörde
den Zugang der Benachrichtigung nachzuweisen. Kann die
Körperschaft den von der abrufberechtigten Person bestritte-
nen Zugang der Benachrichtigung nicht nachweisen, gilt der
Verwaltungsakt an dem Tag als bekannt gegeben, an dem
die abrufberechtigte Person den Datenabruf durchgeführt
hat. Das Gleiche gilt, wenn die abrufberechtigte Person unwi-
derlegbar vorträgt, die Benachrichtigung nicht innerhalb von
drei Tagen nach der Absendung erhalten zu haben.

(5) Entscheidet sich die Körperschaft, den Verwaltungsakt im
Postfach des Nutzerkontos nach dem Onlinezugangsgesetz
zum Datenabruf bereitzustellen, gelten abweichend von § 9
Absatz 1 Satz 3 bis 6 des Onlinezugangsgesetzes die Regelungen des Absatzes 4.

§ 12 I Nr. 3 b) KAG i.V.m. § 123 AO: Bestel-
lung eines Empfangsbevollmächtigten

Ein Beteiligter ohne Wohnsitz oder gewöhnlichen Aufenthalt,
Sitz oder Geschäftsleitung im Inland, in einem anderen Mitgliedstaat der Europäischen Union oder in einem Staat, auf
den das Abkommen über den Europäischen Wirtschaftsraum
anwendbar ist, hat der Körperschaft, der die Abgabe zusteht,
auf Verlangen innerhalb einer angemessenen Frist einen
Empfangsbevollmächtigten im Inland zu benennen. Unterlässt
er dies, so gilt ein an ihn gerichtetes Schriftstück einen Monat

nach der Aufgabe zur Post und ein elektronisch übermitteltes Dokument am dritten Tage nach der Absendung als zugegangen. Dies gilt nicht, wenn feststeht, dass das Schriftstück oder das elektronische Dokument den Empfänger nicht oder zu einem späteren Zeitpunkt erreicht hat. Auf die Rechtsfolgen der Unterlassung ist der Beteiligte hinzuweisen.

§ 12 I Nr. 3 b) KAG i.V.m. § 124 AO: Wirksamkeit des Verwaltungsakts

(1) Ein Verwaltungsakt wird gegenüber demjenigen, für den er bestimmt ist oder der von ihm betroffen wird, in dem Zeitpunkt wirksam, in dem er ihm bekannt gegeben wird. Der Verwaltungsakt wird mit dem Inhalt wirksam, mit dem er bekannt gegeben wird.

(2) Ein Verwaltungsakt bleibt wirksam, solange und soweit er nicht zurückgenommen, widerrufen, anderweitig aufgehoben oder durch Zeitablauf oder auf andere Weise erledigt ist.

(3) Ein nichtiger Verwaltungsakt ist unwirksam.

§ 12 I Nr. 3 b) KAG i.V.m. § 125 AO: Nichtigkeit des Verwaltungsakts

(1) Ein Verwaltungsakt ist nichtig, soweit er an einem besonders schwerwiegenden Fehler leidet und dies bei verständiger Würdigung aller in Betracht kommenden Umstände offenkundig ist.

(2) Ohne Rücksicht auf das Vorliegen der Voraussetzungen des Absatzes 1 ist ein Verwaltungsakt nichtig,

1. der schriftlich oder elektronisch erlassen worden ist, die erlassende Körperschaft aber nicht erkennen lässt,

2. den aus tatsächlichen Gründen niemand befolgen kann,

3. der die Begehung einer rechtswidrigen Tat verlangt, die einen Straf- oder Bußgeldtatbestand verwirklicht,

4. der gegen die guten Sitten verstößt.

(3) Ein Verwaltungsakt ist nicht schon deshalb nichtig, weil

1. Vorschriften über die örtliche Zuständigkeit nicht eingehalten worden sind,

2. eine nach § 82 Abs. 1 Satz 1 Nr. 2 bis 6 und Satz 2 AO ausgeschlossene Person mitgewirkt hat,

3. ein durch Rechtsvorschrift zur Mitwirkung berufener Ausschuss den für den Erlass des Verwaltungsakts vorgeschriebenen Beschluss nicht gefasst hat oder nicht beschlussfähig war,

4. die nach einer Rechtsvorschrift erforderliche Mitwirkung einer anderen Behörde unterblieben ist.

(4) Betrifft die Nichtigkeit nur einen Teil des Verwaltungsakts, so ist er im Ganzen nichtig, wenn der nichtige Teil so wesentlich ist, dass die Körperschaft den Verwaltungsakt ohne den nichtigen Teil nicht erlassen hätte.

(5) Die Körperschaft kann die Nichtigkeit jederzeit von Amts wegen feststellen; auf Antrag ist sie festzustellen, wenn der Antragsteller hieran ein berechtigtes Interesse hat.

§ 12 I Nr. 3 b) KAG i.V.m. § 126 AO: Heilung von Verfahrens- und Formfehlern

(1) Eine Verletzung von Verfahrens- oder Formvorschriften, die nicht den Verwaltungsakt nach § 125 AO nichtig macht, ist unbeachtlich, wenn

1. der für den Verwaltungsakt erforderliche Antrag nachträglich gestellt wird,

2. die erforderliche Begründung nachträglich gegeben wird,

3. die erforderliche Anhörung eines Beteiligten nachgeholt wird,

4. der Beschluss eines Ausschusses, dessen Mitwirkung für den Erlass des Verwaltungsakts erforderlich ist, nachträglich gefasst wird,

5. die erforderliche Mitwirkung einer anderen Behörde nachgeholt wird.

(2) Handlungen nach Absatz 1 Nr. 2 bis 5 können bis zum Abschluss der Tatsacheninstanz eines verwaltungsgerichtlichen Verfahrens nachgeholt werden.

§ 12 I Nr. 3 b) KAG i.V.m. § 127 AO: Folgen von Verfahrens- und Formfehlern

Die Aufhebung eines Verwaltungsakts, der nicht nach § 125 AO nichtig ist, kann nicht allein deshalb beansprucht werden, weil er unter Verletzung von Vorschriften über das Verfahren, die Form oder die örtliche Zuständigkeit zustande gekommen ist, wenn keine andere Entscheidung in der Sache hätte getroffen werden können.

§ 12 I Nr. 3 b) KAG i.V.m. § 128 AO: Umdeutung eines fehlerhaften Verwaltungsakts

(1) Ein fehlerhafter Verwaltungsakt kann in einen anderen Verwaltungsakt umgedeutet werden, wenn er auf das gleiche Ziel gerichtet ist, von der erlassenden Körperschaft in der geschehenen Verfahrensweise und Form rechtmäßig hätte

erlassen werden können und wenn die Voraussetzungen für dessen Erlass erfüllt sind.

(2) Absatz 1 gilt nicht, wenn der Verwaltungsakt, in den der fehlerhafte Verwaltungsakt umzudeuten wäre, der erkennbaren Absicht der erlassenden Körperschaft widerspräche oder seine Rechtsfolgen für die betroffene Person ungünstiger wären als die des fehlerhaften Verwaltungsakts. Eine Umdeutung ist ferner unzulässig, wenn der fehlerhafte Verwaltungsakt nicht zurückgenommen werden dürfte.

(3) Eine Entscheidung, die nur als gesetzlich gebundene Entscheidung ergehen kann, kann nicht in eine Ermessensentscheidung umgedeutet werden.

(4) § 91 AO ist entsprechend anzuwenden.

§ 12 I Nr. 3 b) KAG i.V.m. § 129 AO: Offenbare Unrichtigkeiten beim Erlass eines Verwaltungsakts

Die Körperschaft kann Schreibfehler, Rechenfehler und ähnliche offenbare Unrichtigkeiten, die beim Erlass eines Verwaltungsakts unterlaufen sind, jederzeit berichtigen. Bei berechtigtem Interesse des Beteiligten ist zu berichtigen. Wird zu einem schriftlich ergangenen Verwaltungsakt die Berichtigung begehrt, ist die Körperschaft berechtigt, die Vorlage des Schriftstücks zu verlangen, das berichtigt werden soll.

§ 12 I Nr. 3 b) KAG i.V.m. § 130 AO: Rücknahme eines rechtswidrigen Verwaltungsakts

(1) Ein rechtswidriger Verwaltungsakt kann, auch nachdem er unanfechtbar geworden ist, ganz oder teilweise mit Wirkung

für die Zukunft oder für die Vergangenheit zurückgenommen
werden.

(2) Ein Verwaltungsakt, der ein Recht oder einen rechtlich
erheblichen Vorteil begründet oder bestätigt hat (begünstigender Verwaltungsakt), darf nur dann zurückgenommen
werden, wenn

1. er von einer sachlich unzuständigen Behörde erlassen worden ist,

2. er durch unlautere Mittel, wie arglistige Täuschung, Dro-
hung oder Bestechung erwirkt worden ist,

3. ihn der Begünstigte durch Angaben erwirkt hat, die in we-
sentlicher Beziehung unrichtig oder unvollständig waren,

4. seine Rechtswidrigkeit dem Begünstigten bekannt oder
infolge grober Fahrlässigkeit nicht bekannt war.

(3) Erhält die Körperschaft von Tatsachen Kenntnis, welche
die Rücknahme eines rechtswidrigen begünstigenden Verwaltungsakts rechtfertigen, so ist die Rücknahme nur innerhalb
eines Jahres seit dem Zeitpunkt der Kenntnisnahme zulässig.
Dies gilt nicht im Fall des Absatzes 2 Nr. 2.

(4) Über die Rücknahme entscheidet nach Unanfechtbarkeit
des Verwaltungsakts die nach den Vorschriften über die örtliche Zuständigkeit zuständige Körperschaft; dies gilt auch
dann, wenn der zurückzunehmende Verwaltungsakt von einer
anderen Körperschaft erlassen worden ist; § 26 Satz 2 AO
bleibt unberührt.

§ 12 I Nr. 3 b) KAG i.V.m. § 131 AO: Widerruf eines rechtmäßigen Verwaltungsakts

(1) Ein rechtmäßiger nicht begünstigender Verwaltungsakt kann, auch nachdem er unanfechtbar geworden ist, ganz oder teilweise mit Wirkung für die Zukunft widerrufen werden, außer wenn ein Verwaltungsakt gleichen Inhalts erneut erlassen werden müsste oder aus anderen Gründen ein Widerruf unzulässig ist.

(2) Ein rechtmäßiger begünstigender Verwaltungsakt darf, auch nachdem er unanfechtbar geworden ist, ganz oder teilweise mit Wirkung für die Zukunft nur widerrufen werden,

1. wenn der Widerruf durch Rechtsvorschrift zugelassen oder im Verwaltungsakt vorbehalten ist,

2. wenn mit dem Verwaltungsakt eine Auflage verbunden ist und der Begünstigte diese nicht oder nicht innerhalb einer ihm gesetzten Frist erfüllt hat,

3. wenn die Körperschaft auf Grund nachträglich eingetretener Tatsachen berechtigt wäre, den Verwaltungsakt nicht zu erlassen, und wenn ohne den Widerruf das öffentliche Interesse gefährdet würde.

§ 130 Abs. 3 AO gilt entsprechend.

(3) Der widerrufene Verwaltungsakt wird mit dem Wirksamwerden des Widerrufs unwirksam, wenn die Körperschaft keinen späteren Zeitpunkt bestimmt.

(4) Über den Widerruf entscheidet nach Unanfechtbarkeit des Verwaltungsakts die nach den Vorschriften über die örtliche Zuständigkeit zuständige Körperschaft; dies gilt auch dann, wenn der zu widerrufende Verwaltungsakt von einer anderen Körperschaft erlassen worden ist.

§ 12 I Nr. 3 b) KAG i.V.m. § 132 AO: Rücknahme, Widerruf, Aufhebung und Änderung im Rechtsbehelfsverfahren

Die Vorschriften über Rücknahme, Widerruf, Aufhebung und Änderung von Verwaltungsakten gelten auch während eines Widerspruchsverfahrens und während eines verwaltungsgerichtlichen Verfahrens. § 130 Abs. 2 und 3 AO und § 131 Abs. 2 und 3 AO stehen der Rücknahme und dem Widerruf eines von einem Dritten angefochtenen begünstigenden Verwaltungsakts während des Widerspruchsverfahrens oder des verwaltungsgerichtlichen Verfahrens nicht entgegen, soweit dadurch dem Widerspruch oder der Klage abgeholfen wird.

§ 12 I Nr. 3 b) KAG i.V.m. § 133 AO: Rückgabe von Urkunden und Sachen

Ist ein Verwaltungsakt unanfechtbar widerrufen oder zurückgenommen oder ist seine Wirksamkeit aus einem anderen Grund nicht oder nicht mehr gegeben, so kann die Körperschaft die auf Grund dieses Verwaltungsakts erteilten Urkunden oder Sachen, die zum Nachweis der Rechte aus dem Verwaltungsakt oder zu deren Ausübung bestimmt sind, zurückfordern. Der Inhaber und, sofern er nicht der Besitzer ist, auch der Besitzer dieser Urkunden oder Sachen sind zu ihrer Herausgabe verpflichtet. Der Inhaber oder der Besitzer kann jedoch verlangen, dass ihm die Urkunden oder Sachen wieder ausgehändigt werden, nachdem sie von der Körperschaft als ungültig gekennzeichnet sind; dies gilt nicht bei Sachen, bei denen eine solche Kennzeichnung nicht oder nicht mit der

erforderlichen Offensichtlichkeit oder Dauerhaftigkeit möglich
ist.

Führung von Büchern und Aufzeichnungen

§ 12 I Nr. 4 a) KAG i.V.m. § 140 AO: Buchführungs- und Aufzeichnungspflichten nach anderen Gesetzen

Wer nach anderen Gesetzen als den Abgabengesetzen Bücher
und Aufzeichnungen zu führen hat, die für die Heranziehung
zu Abgaben von Bedeutung sind, hat die Verpflichtungen, die
ihm nach den anderen Gesetzen obliegen, auch für die Heranziehung zu Abgaben zu erfüllen.

§ 12 I Nr. 4 a) KAG i.V.m. § 145 AO: Allgemeine Anforderungen an Buchführung und Aufzeichnungen

(1) Die Buchführung muss so beschaffen sein, dass sie einem
sachverständigen Dritten innerhalb angemessener Zeit einen
Überblick über die Geschäftsvorfälle und über die Lage des
Unternehmens vermitteln kann. Die Geschäftsvorfälle müssen
sich in ihrer Entstehung und Abwicklung verfolgen lassen.

(2) Aufzeichnungen sind so vorzunehmen, dass der Zweck,
den sie für die Heranziehung zu Abgaben erfüllen sollen,
erreicht wird.

§ 12 I Nr. 4 a) KAG i.V.m. § 146 AO: Ordnungsvorschriften für die Buchführung und für Aufzeichnungen

(1) Die Buchungen und die sonst erforderlichen Aufzeichnungen sind einzeln, vollständig, richtig, zeitgerecht und geordnet vorzunehmen. Kasseneinnahmen und Kassenausgaben sind täglich festzuhalten. Die Pflicht zur Einzelaufzeichnung nach Satz 1 besteht aus Zumutbarkeitsgründen bei Verkauf von Waren an eine Vielzahl von nicht bekannten Personen gegen Barzahlung nicht. Das gilt nicht, wenn der Abgabenpflichtige ein elektronisches Aufzeichnungssystem im Sinne des § 146a AO verwendet.

(2) Bücher und die sonst erforderlichen Aufzeichnungen sind im Geltungsbereich dieses Gesetzes zu führen und aufzubewahren. Dies gilt nicht, soweit für Betriebstätten außerhalb des Geltungsbereichs dieses Gesetzes nach dortigem Recht eine Verpflichtung besteht, Bücher und Aufzeichnungen zu führen, und diese Verpflichtung erfüllt wird. In diesem Fall sowie bei Organgesellschaften außerhalb des Geltungsbereichs dieses Gesetzes müssen die Ergebnisse der dortigen Buchführung in die Buchführung des hiesigen Unternehmens übernommen werden, soweit sie für die Heranziehung zu Abgaben von Bedeutung sind. Dabei sind die erforderlichen Anpassungen an die Abgabenrechtlichen Vorschriften im Geltungsbereich dieses Gesetzes vorzunehmen und kenntlich zu machen.

(2a) Abweichend von Absatz 2 Satz 1 kann der Abgabenpflichtige elektronische Bücher und sonstige erforderliche elektronische Aufzeichnungen oder Teile davon in einem anderen Mitgliedstatt der Europäischen Union führen und aufbewahren. Macht der Abgabenpflichtige von dieser Befug-

nis Gebrauch, hat er sicherzustellen, dass der Datenzugriff
nach § 146b Absatz 2 Satz 2 AO, § 147 Absatz 6 AO und
§ 27b Absatz 2 Umsatzsteuergesetz in vollem Umfang möglich ist.

(2b) Abweichend von Absatz 2 Satz 1 kann die zuständige
Körperschaft auf schriftlichen oder elektronischen Antrag des
Abgabenpflichtigen bewilligen, dass elektronische Bücher und
sonstige erforderliche elektronische Aufzeichnungen oder
Teile davon in einem Drittstaat geführt und aufbewahrt wer-
den können. Voraussetzung ist, dass

1. der Abgabenpflichtige der zuständigen Körperschaft den
Standort des Datenverarbeitungssystems und bei Beauftra-
gung eines Dritten dessen Namen und Anschrift mitteilt,

2. der Abgabenpflichtige seinen sich aus den §§ 90, 93, 97,
140 bis 147 und 200 Absatz 1 und 2 AO ergebenden Pflichten
ordnungsgemäß nachgekommen ist,

3. der Datenzugriff nach § 146b Absatz 2 Satz 2 AO, § 147
Absatz 6 AO und § 27b Absatz 2 Umsatzsteuergesetz vollem
Umfang möglich ist und

4. die Heranziehung zu Abgaben hierdurch nicht beeinträch-
tigt wird.

Werden der Körperschaft, der die Abgabe zusteht, Umstände
bekannt, die zu einer Beeinträchtigung der Heranziehung zu
Abgaben führen, hat sie die Bewilligung zu widerrufen und
die unverzügliche Rückverlagerung der elektronischen Bücher
und sonstigen erforderlichen elektronischen Aufzeichnungen
in den Geltungsbereich dieses Gesetzes zu verlangen. Eine
Änderung der unter Satz 2 Nummer 1 benannten Umstände
ist der zuständigen Körperschaft unverzüglich mitzuteilen.

(2c) Kommt der Abgabenpflichtige der Aufforderung zur Rückverlagerung seiner elektronischen Buchführung oder seinen Pflichten nach Absatz 2b Satz 4, zur Einräumung des Datenzugriffs nach § 147 Abs. 6 AO, zur Erteilung von Auskünften oder zur Vorlage angeforderter Unterlagen im Sinne des § 200 Abs. 1 AO im Rahmen einer Außenprüfung innerhalb einer ihm bestimmten angemessenen Frist nach Bekanntgabe durch die zuständige Körperschaft nicht nach oder hat er seine elektronische Buchführung ohne Bewilligung der zuständigen Körperschaft in einen Drittstaat verlagert, kann ein Verzögerungsgeld von 2 500 Euro bis 250 000 Euro festgesetzt werden.

(3) Die Buchungen und die sonst erforderlichen Aufzeichnungen sind in einer lebenden Sprache vorzunehmen. Wird eine andere als die deutsche Sprache verwendet, so kann die Körperschaft, der die Abgabe zusteht, Übersetzungen verlangen. Werden Abkürzungen, Ziffern, Buchstaben oder Symbole verwendet, muss im Einzelfall deren Bedeutung eindeutig festliegen.

(4) Eine Buchung oder eine Aufzeichnung darf nicht in einer Weise verändert werden, dass der ursprüngliche Inhalt nicht mehr feststellbar ist. Auch solche Veränderungen dürfen nicht vorgenommen werden, deren Beschaffenheit es ungewiss lässt, ob sie ursprünglich oder erst später gemacht worden sind.

(5) Die Bücher und die sonst erforderlichen Aufzeichnungen können auch in der geordneten Ablage von Belegen bestehen oder auf Datenträgern geführt werden, soweit diese Formen der Buchführung einschließlich des dabei angewandten Verfahrens den Grundsätzen ordnungsmäßiger Buchführung entsprechen; bei Aufzeichnungen, die allein nach den Abga-

bengesetzen vorzunehmen sind, bestimmt sich die Zulässigkeit des angewendeten Verfahrens nach dem Zweck, den die Aufzeichnungen für die Heranziehung zu Abgaben erfüllen sollen. Bei der Führung der Bücher und der sonst erforderlichen Aufzeichnungen auf Datenträgern muss insbesondere sichergestellt sein, dass während der Dauer der Aufbewahrungsfrist die Daten jederzeit verfügbar sind und unverzüglich lesbar gemacht werden können. Dies gilt auch für die Befugnisse der Körperschaft nach § 146b Absatz 2 Satz 2 AO, § 147 Absatz 6 AO und § 27b Absatz 2 Umsatzsteuergesetz. Absätze 1 bis 4 gelten sinngemäß.

(6) Die Ordnungsvorschriften gelten auch dann, wenn der Unternehmer Bücher und Aufzeichnungen, die für die Heranziehung zu Abgaben von Bedeutung sind, führt, ohne hierzu verpflichtet zu sein.

§ 12 I Nr. 4 a) KAG i.V.m. § 146a AO: Ordnungsvorschrift für die Buchführung und für Aufzeichnungen mittels elektronischer Aufzeichnungssysteme; Verordnungsermächtigung

(1) Wer aufzeichnungspflichtige Geschäftsvorfälle oder andere Vorgänge mit Hilfe eines elektronischen Aufzeichnungssystems erfasst, hat ein elektronisches Aufzeichnungssystem zu verwenden, das jeden aufzeichnungspflichtigen Geschäftsvorfall und anderen Vorgang einzeln, vollständig, richtig, zeitgerecht und geordnet aufzeichnet. Das elektronische Aufzeichnungssystem und die digitalen Aufzeichnungen nach Satz 1 sind durch eine zertifizierte technische Sicherheitseinrichtung zu schützen. Diese zertifizierte technische Sicherheitseinrich-

tung muss aus einem Sicherheitsmodul, einem Speichermedium und einer einheitlichen digitalen Schnittstelle bestehen. Die digitalen Aufzeichnungen sind auf dem Speichermedium zu sichern und für Nachschauen sowie Außenprüfungen durch elektronische Aufbewahrung verfügbar zu halten. Es ist verboten, innerhalb des Geltungsbereichs dieses Gesetzes solche elektronischen Aufzeichnungssysteme, Software für elektronische Aufzeichnungssysteme und zertifizierte technische Sicherheitseinrichtungen, die den in den Sätzen 1 bis 3 beschriebenen Anforderungen nicht entsprechen, zur Verwendung im Sinne der Sätze 1 bis 3 gewerbsmäßig zu bewerben oder gewerbsmäßig in den Verkehr zu bringen.

(2) Wer aufzeichnungspflichtige Geschäftsvorfälle im Sinne des Absatzes 1 Satz 1 erfasst, hat dem an diesem Geschäftsvorfall Beteiligten in unmittelbarem zeitlichem Zusammenhang mit dem Geschäftsvorfall unbeschadet anderer gesetzlicher Vorschriften einen Beleg über den Geschäftsvorfall auszustellen und dem an diesem Geschäftsvorfall Beteiligten zur Verfügung zu stellen (Belegausgabepflicht). Bei Verkauf von Waren an eine Vielzahl von nicht bekannten Personen können die Körperschaften, denen die Abgabe zusteht, nach § 148 AO aus Zumutbarkeitsgründen nach pflichtgemäßem Ermessen von einer Belegausgabepflicht nach Satz 1 befreien. Die Befreiung kann widerrufen werden.

(3) Das Bundesministerium der Finanzen wird ermächtigt, durch Rechtsverordnung mit Zustimmung des Bundestages und des Bundesrates und im Einvernehmen mit dem Bundesministerium des Innern, für Bau und Heimat und dem Bundesministerium für Wirtschaft und Energie Folgendes zu bestimmen:

1. die elektronischen Aufzeichnungssysteme, die über eine zertifizierte technische Sicherheitseinrichtung verfügen müssen, und

2. die Anforderungen an

a) das Sicherheitsmodul,

b) das Speichermedium,

c) die einheitliche digitale Schnittstelle,

d) die elektronische Aufbewahrung der Aufzeichnungen,

e) die Protokollierung von digitalen Grundaufzeichnungen zur Sicherstellung der Integrität und Authentizität sowie der Vollständigkeit der elektronischen Aufzeichnung,

f) den Beleg und

g) die Zertifizierung der technischen Sicherheitseinrichtung.

Die Erfüllung der Anforderungen nach Satz 1 Nummer 2 Buchstabe a bis c ist durch eine Zertifizierung des Bundesamts für Sicherheit in der Informationstechnik nachzuweisen, die fortlaufend aufrechtzuerhalten ist. Das Bundesamt für Sicherheit in der Informationstechnik kann mit der Festlegung von Anforderungen an die technische Sicherheitseinrichtung im Sinne des Satzes 1 Nummer 2 Buchstabe a bis c beauftragt werden. Die Rechtsverordnung nach Satz 1 ist dem Bundestag zuzuleiten. Die Zuleitung erfolgt vor der Zuleitung an den Bundesrat. Der Bundestag kann der Rechtsverordnung durch Beschluss zustimmen oder sie durch Beschluss ablehnen. Der Beschluss des Bundestages wird dem Bundesministerium der Finanzen zugeleitet. Hat sich der Bundestag nach Ablauf von drei Sitzungswochen seit Eingang der

Rechtsverordnung nicht mit ihr befasst, so gilt die Zustimmung nach Satz 1 als erteilt und die Rechtsverordnung wird dem Bundesrat zugeleitet.

(4) Wer aufzeichnungspflichtige Geschäftsvorfälle oder andere Vorgänge mit Hilfe eines elektronischen Aufzeichnungssystems im Sinne des Absatzes 1 erfasst, hat der Körperschaft, der die Abgabe zusteht, nach amtlich vorgeschriebenen Vordruck mitzuteilen:

1. Name des Abgabenpflichtigen,

2. Steuernummer des Abgabenpflichtigen,

3. Art der zertifizierten technischen Sicherheitseinrichtung,

4. Art des verwendeten elektronischen Aufzeichnungssystems,

5. Anzahl der verwendeten elektronischen Aufzeichnungssysteme,

6. Seriennummer des verwendeten elektronischen Aufzeichnungssystems,

7. Datum der Anschaffung des verwendeten elektronischen Aufzeichnungssystems,

8. Datum der Außerbetriebnahme des verwendeten elektronischen Aufzeichnungssystems.

Die Mitteilung nach Satz 1 ist innerhalb eines Monats nach Anschaffung oder Außerbetriebnahme des elektronischen Aufzeichnungssystems zu erstatten.

§ 12 I Nr. 4 a) KAG i.V.m. § 146b AO: Kassen-Nachschau

(1) Zur Prüfung der Ordnungsmäßigkeit der Aufzeichnungen und Buchungen von Kasseneinnahmen und Kassenausgaben

können die damit betrauten Amtsträger der Körperschaft, der die Abgabe zusteht, ohne vorherige Ankündigung und außerhalb einer Außenprüfung, während der üblichen Geschäfts- und Arbeitszeiten Geschäftsgrundstücke oder Geschäftsräume von Abgabenpflichtigen betreten, um Sachverhalte festzustellen, die für die Heranziehung zu Abgaben erheblich sein können (Kassen-Nachschau). Der Kassen-Nachschau unterliegt auch die Prüfung des ordnungsgemäßen Einsatzes des elektronischen Aufzeichnungssystems nach § 146a Absatz 1 AO. Wohnräume dürfen gegen den Willen des Inhabers nur zur Verhütung dringender Gefahren für die öffentliche Sicherheit und Ordnung betreten werden. Das Grundrecht der Unverletzlichkeit der Wohnung (Artikel 13 des Grundgesetzes) wird insoweit eingeschränkt.

(2) Die von der Kassen-Nachschau betroffenen Abgabenpflichtigen haben dem mit der Kassen-Nachschau betrauten Amtsträger auf Verlangen Aufzeichnungen, Bücher sowie die für die Kassenführung erheblichen sonstigen Organisationsunterlagen über die der Kassen-Nachschau unterliegenden Sachverhalte und Zeiträume vorzulegen und Auskünfte zu erteilen, soweit dies zur Feststellung der Erheblichkeit nach Absatz 1 geboten ist. Liegen die in Satz 1 genannten Aufzeichnungen oder Bücher in elektronischer Form vor, ist der Amtsträger berechtigt, diese einzusehen, die Übermittlung von Daten über die einheitliche digitale Schnittstelle zu verlangen oder zu verlangen, dass Buchungen und Aufzeichnungen auf einem maschinell auswertbaren Datenträger nach den Vorgaben der einheitlichen digitalen Schnittstelle zur Verfügung gestellt werden. Die Kosten trägt der Abgabenpflichtige.

(3) Wenn die bei der Kassen-Nachschau getroffenen Feststellungen hierzu Anlass geben, kann ohne vorherige Prüfungsanordnung zu einer Außenprüfung nach § 193 AO überge-

gangen werden. Auf den Übergang zur Außenprüfung wird
schriftlich hingewiesen.

§ 12 I Nr. 4 a) KAG i.V.m. § 147 AO: Ordnungsvorschriften für die Aufbewahrung von Unterlagen

(1) Die folgenden Unterlagen sind geordnet aufzubewahren:

1. Bücher und Aufzeichnungen, Inventare, Jahresabschlüsse,
Lageberichte, die Eröffnungsbilanz sowie die zu ihrem Ver-
ständnis erforderlichen Arbeitsanweisungen und sonstigen
Organisationsunterlagen,

2. die empfangenen Handels- oder Geschäftsbriefe,

3. Wiedergaben der abgesandten Handels- oder Geschäftsbriefe,

4. Buchungsbelege,

4a. Unterlagen nach Artikel 15 Absatz 1 und Artikel 163 des
Zollkodex der Union,

5. sonstige Unterlagen, soweit sie für die Heranziehung zu
Abgaben von Bedeutung sind.

(2) Mit Ausnahme der Jahresabschlüsse, der Eröffnungsbilanz
und der Unterlagen nach Absatz 1 Nummer 4a, sofern es sich
bei letztgenannten Unterlagen um amtliche Urkunden oder
handschriftlich zu unterschreibende nicht förmliche Präfe-
renznachweise handelt, können die in Absatz 1 aufgeführten
Unterlagen auch als Wiedergabe auf einem Bildträger oder
auf anderen Datenträgern aufbewahrt werden, wenn dies den
Grundsätzen ordnungsmäßiger Buchführung entspricht und
sichergestellt ist, dass die Wiedergabe oder die Daten

1. mit den empfangenen Handels- oder Geschäftsbriefen und den Buchungsbelegen bildlich und mit den anderen Unterlagen inhaltlich übereinstimmen, wenn sie lesbar gemacht werden,

2. während der Dauer der Aufbewahrungsfrist jederzeit verfügbar sind, unverzüglich lesbar gemacht und maschinell ausgewertet werden können.

(3) Die in Absatz 1 Nr. 1, 4 und 4a aufgeführten Unterlagen sind zehn Jahre, die sonstigen in Absatz 1 aufgeführten Unterlagen sechs Jahre aufzubewahren, sofern nicht in anderen Abgabengesetzen kürzere Aufbewahrungsfristen zugelassen sind. Kürzere Aufbewahrungsfristen nach außersteuerlichen Gesetzen lassen die in Satz 1 bestimmte Frist unberührt. Bei empfangenen Lieferscheinen, die keine Buchungsbelege nach Absatz 1 Nummer 4 sind, endet die Aufbewahrungsfrist mit dem Erhalt der Rechnung. Für abgesandte Lieferscheine, die keine Buchungsbelege nach Absatz 1 Nummer 4 sind, endet die Aufbewahrungsfrist mit dem Versand der Rechnung. Die Aufbewahrungsfrist läuft jedoch nicht ab, soweit und solange die Unterlagen für Abgaben von Bedeutung sind, für welche die Festsetzungsfrist noch nicht abgelaufen ist; § 169 Abs. 2 Satz 2 AO gilt nicht.

(4) Die Aufbewahrungsfrist beginnt mit dem Schluss des Kalenderjahrs, in dem die letzte Eintragung in das Buch gemacht, das Inventar, die Eröffnungsbilanz, der Jahresabschluss oder der Lagebericht aufgestellt, der Handels- oder Geschäftsbrief empfangen oder abgesandt worden oder der Buchungsbeleg entstanden ist, ferner die Aufzeichnung vorgenommen worden ist oder die sonstigen Unterlagen entstanden sind.

(5) Wer aufzubewahrende Unterlagen in der Form einer Wiedergabe auf einem Bildträger oder auf anderen Datenträgern vorlegt, ist verpflichtet, auf seine Kosten diejenigen Hilfsmittel zur Verfügung zu stellen, die erforderlich sind, um die Unterlagen lesbar zu machen; auf Verlangen der Körperschaft, der die Abgabe zusteht, hat er auf seine Kosten die Unterlagen unverzüglich ganz oder teilweise auszudrucken oder ohne Hilfsmittel lesbare Reproduktionen beizubringen.

(6) Sind die Unterlagen nach Absatz 1 mit Hilfe eines Datenverarbeitungssystems erstellt worden, hat die Körperschaft, der die Abgabe zusteht, im Rahmen einer Außenprüfung das Recht, Einsicht in die gespeicherten Daten zu nehmen und das Datenverarbeitungssystem zur Prüfung dieser Unterlagen zu nutzen. Sie kann im Rahmen einer Außenprüfung auch verlangen, dass die Daten nach ihren Vorgaben maschinell ausgewertet oder ihr die gespeicherten Unterlagen und Aufzeichnungen auf einem maschinell verwertbaren Datenträger zur Verfügung gestellt werden. Teilt der Abgabenpflichtige der Körperschaft, der die Abgabe zusteht, mit, dass sich seine Daten nach Absatz 1 bei einem Dritten befinden, so hat der Dritte

1. der Körperschaft, der die Abgabe zusteht, Einsicht in die für den Abgabenpflichtigen gespeicherten Daten zu gewähren oder

2. diese Daten nach den Vorgaben der Körperschaft, der die Abgabe zusteht, maschinell auszuwerten oder

3. ihr die für den Abgabenpflichtigen gespeicherten Unterlagen und Aufzeichnungen auf einem maschinell verwertbaren Datenträger zur Verfügung zu stellen.

Die Kosten trägt der Abgabenpflichtige. In Fällen des Satzes 3 hat der mit der Außenprüfung betraute Amtsträger den in § 3

153

§ 12 I Nr. 4 a) KAG i.V.m. § 147a AO: Vorschriften für die
Aufbewahrung von Aufzeichnungen und Unterlagen
bestimmter Abgabenpflichtiger

und § 4 Nummer 1 und 2 des Steuerberatungsgesetzes bezeichneten Personen sein Erscheinen in angemessener Frist
anzukündigen. Sofern noch nicht mit einer Außenprüfung
begonnen wurde, ist es im Fall eines Wechsels des Datenverarbeitungssystems oder im Fall der Auslagerung von auf-
zeichnungs- und aufbewahrungspflichtigen Daten aus dem
Produktivsystem in ein anderes Datenverarbeitungssystem
ausreichend, wenn der Abgabenpflichtige nach Ablauf des
fünften Kalenderjahres, das auf die Umstellung oder Auslagerung folgt, diese Daten ausschließlich auf einem maschinell
lesbaren und maschinell auswertbaren Datenträger vorhält.

§ 12 I Nr. 4 a) KAG i.V.m. § 147a AO: Vor-schriften für die Aufbewahrung von Aufzeich-nungen und Unterlagen bestimmter Abgaben-pflichtiger

(1) Abgabenpflichtige, bei denen die Summe der positiven
Einkünfte nach § 2 Absatz 1 Nummer 4 bis 7 des Einkommensteuergesetzes (Überschusseinkünfte) mehr als 500 000
Euro im Kalenderjahr beträgt, haben die Aufzeichnungen und
Unterlagen über die den Überschusseinkünften zu Grunde
liegenden Einnahmen und Werbungskosten sechs Jahre aufzubewahren. Im Falle der Zusammenveranlagung sind für die
Feststellung des Überschreitens des Betrags von 500 000
Euro die Summe der positiven Einkünfte nach Satz 1 eines
jeden Ehegatten oder Lebenspartners maßgebend. Die Verpflichtung nach Satz 1 ist vom Beginn des Kalenderjahrs an
zu erfüllen, das auf das Kalenderjahr folgt, in dem die Summe
der positiven Einkünfte im Sinne des Satzes 1 mehr als
500 000 Euro beträgt. Die Verpflichtung nach Satz 1 endet

mit Ablauf des fünften aufeinanderfolgenden Kalenderjahrs,
in dem die Voraussetzungen des Satzes 1 nicht erfüllt sind.
§ 147 Absatz 2, Absatz 3 Satz 3 und die Absätze 4 bis 6 AO
gelten entsprechend. Die Sätze 1 bis 3 und 5 gelten entsprechend in den Fällen, in denen die zuständige Körperschaft,
der die Abgabe zusteht, den Abgabenpflichtigen für die Zukunft zur Aufbewahrung der in Satz 1 genannten Aufzeichnungen und Unterlagen verpflichtet, weil er seinen Mitwirkungspflichten nach § 90 Absatz 2 Satz 3 AO nicht nachgekommen ist.

(2) Abgabenpflichtige, die allein oder zusammen mit nahestehenden Personen im Sinne des § 1 Absatz 2 des Außensteuergesetzes unmittelbar oder mittelbar einen beherrschenden oder bestimmenden Einfluss auf die gesellschaftsrechtli-
chen, finanziellen oder geschäftlichen Angelegenheiten einer
Drittstaat-Gesellschaft im Sinne des § 138 Absatz 3 AO ausü-
ben können, haben die Aufzeichnungen und Unterlagen über
diese Beziehung und alle damit verbundenen Einnahmen und
Ausgaben sechs Jahre aufzubewahren. Diese Aufbewah-
rungspflicht ist von dem Zeitpunkt an zu erfüllen, in dem der
Sachverhalt erstmals verwirklicht worden ist, der den Tatbestand des Satzes 1 erfüllt. Absatz 1 Satz 4 sowie § 147 Absatz 2, 3 Satz 3 und Absatz 5 und 6 AO gelten entsprechend.

§ 12 I Nr. 4 a) KAG i.V.m. § 148 AO: Bewilli-
gung von Erleichterungen

Die Körperschaften, denen eine Abgabe zusteht, können für
einzelne Fälle oder für bestimmte Gruppen von Fällen Erleichterungen bewilligen, wenn die Einhaltung der durch die Abgabengesetze begründeten Buchführungs-, Aufzeichnungs-
und Aufbewahrungspflichten Härten mit sich bringt und die

Heranziehung zu Abgaben durch die Erleichterung nicht be-
einträchtigt wird. Erleichterungen nach Satz 1 können rückwirkend bewilligt werden. Die Bewilligung kann widerrufen
werden.

Steuererklärungen

§ 12 I Nr. 4 a) KAG i.V.m. § 149 AO: Abgabe der Steuererklärungen

(1) Die Abgabengesetze bestimmen, wer zur Abgabe einer
Steuererklärung verpflichtet ist. Zur Abgabe einer Steuererklärung ist auch verpflichtet, wer hierzu von der Körperschaft,
der die Abgabe zusteht, aufgefordert wird. Die Aufforderung
kann durch öffentliche Bekanntmachung erfolgen. Die Verpflichtung zur Abgabe einer Steuererklärung bleibt auch dann
bestehen, wenn die Körperschaft, der die Abgabe zusteht, die
Heranziehungsgrundlagen nach § 162 AO geschätzt hat.

(2) Soweit die Abgabengesetze nichts anderes bestimmen,
sind Steuererklärungen, die sich auf ein Kalenderjahr oder auf
einen gesetzlich bestimmten Zeitpunkt beziehen, spätestens
sieben Monate nach Ablauf des Kalenderjahres oder sieben
Monate nach dem gesetzlich bestimmten Zeitpunkt abzugeben. Bei Abgabenpflichtigen, die den Gewinn aus Land- und
Forstwirtschaft nach einem vom Kalenderjahr abweichenden
Wirtschaftsjahr ermitteln, endet die Frist nicht vor Ablauf des
siebten Monats, der auf den Schluss des in dem Kalenderjahr
begonnenen Wirtschaftsjahres folgt.

(3) Sofern Personen, Gesellschaften, Verbände, Vereinigungen, Behörden oder Körperschaften im Sinne der §§ 3 und 4
des Steuerberatungsgesetzes beauftragt sind mit der Erstellung von

§ 12 I Nr. 4 a) KAG i.V.m. § 149 AO: Abgabe der
Steuererklärungen

1. Einkommensteuererklärungen nach § 25 Absatz 3 des
Einkommensteuergesetzes mit Ausnahme der Einkommen-
steuererklärungen im Sinne des § 46 Absatz 2 Nummer 8 des
Einkommensteuergesetzes,

2. Körperschaftsteuererklärungen nach § 31 Absatz 1 und 1a
des Körperschaftsteuergesetzes, Feststellungserklärungen im
Sinne des § 14 Absatz 5, § 27 Absatz 2 Satz 4, § 28 Absatz 1
Satz 4 oder § 38 Absatz 1 Satz 2 des Körperschaftsteuergesetzes oder Erklärungen zur Zerlegung der Körperschaftsteuer nach § 6 Absatz 7 des Zerlegungsgesetzes,

3. Erklärungen zur Festsetzung des Gewerbesteuermessbetrags oder Zerlegungserklärungen nach § 14a des Gewerbe-
steuergesetzes,

4. Umsatzsteuererklärungen für das Kalenderjahr nach § 18
Absatz 3 des Umsatzsteuergesetzes,

5. Erklärungen zur gesonderten sowie zur gesonderten und
einheitlichen Feststellung einkommensteuerpflichtiger oder
körperschaftsteuerpflichtiger Einkünfte nach § 180 Absatz 1
Satz 1 Nummer 2 AO in Verbindung mit § 181 Absatz 1 und 2
AO,

6. Erklärungen zur gesonderten Feststellung von Besteuerungsgrundlagen nach der Verordnung über die gesonderte
Feststellung von Besteuerungsgrundlagen nach § 180 Abs. 2
der Abgabenordnung oder

7. Erklärungen zur gesonderten Feststellung von Heranziehungsgrundlagen nach § 18 des Außensteuergesetzes,

so sind diese Erklärungen vorbehaltlich des Absatzes 4 spätestens bis zum letzten Tag des Monats Februar und in den
Fällen des Absatzes 2 Satz 2 bis zum 31. Juli des zweiten auf

den Heranziehungszeitraum folgenden Kalenderjahres abzugeben.

(4) Die Körperschaft, der die Abgabe zusteht, kann anordnen, dass Erklärungen im Sinne des Absatzes 3 vor dem letzten Tag des Monats Februar des zweiten auf den Heranziehungszeitraum folgenden Kalenderjahres abzugeben sind, wenn

1. für den betroffenen Abgabenpflichtigen

a) für den vorangegangenen Heranziehungszeitraum Erklärungen nicht oder verspätet abgegeben wurden,

b) für den vorangegangenen Heranziehungszeitraum innerhalb von drei Monaten vor Abgabe der Steuererklärung oder innerhalb von drei Monaten vor dem Beginn des Zinslaufs im Sinne des § 233a Absatz 2 Satz 1 und 2 AO nachträgliche Vorauszahlungen festgesetzt wurden,

c) Vorauszahlungen für den Heranziehungszeitraum außerhalb einer Veranlagung herabgesetzt wurden,

d) die Veranlagung für den vorangegangenen Veranlagungszeitraum zu einer Abschlusszahlung von mindestens 25 Prozent der festgesetzten Steuer oder mehr als 10 000 Euro geführt hat,

e) die Steuerfestsetzung auf Grund einer Steuererklärung im Sinne des Absatzes 3 Nummer 1, 2 oder 4 voraussichtlich zu einer Abschlusszahlung von mehr als 10 000 Euro führen wird oder

f) eine Außenprüfung vorgesehen ist,

2. der betroffene Abgabenpflichtige im Heranziehungszeitraum einen Betrieb eröffnet oder eingestellt hat oder

3. für Beteiligte an Gesellschaften oder Gemeinschaften Verluste festzustellen sind.

Für das Befolgen der Anordnung ist eine Frist von vier Monaten nach Bekanntgabe der Anordnung zu setzen. Ferner dürfen die Finanzämter nach dem Ergebnis einer automationsgestützten Zufallsauswahl anordnen, dass Erklärungen im Sinne des Absatzes 3 vor dem letzten Tag des Monats Februar des zweiten auf den Heranziehungszeitraum folgenden Kalenderjahres mit einer Frist von vier Monaten nach Bekanntgabe der Anordnung abzugeben sind. In der Aufforderung nach Satz 3 ist darauf hinzuweisen, dass sie auf einer automationsgestützten Zufallsauswahl beruht; eine weitere Begründung ist nicht erforderlich. In den Fällen des Absatzes 2 Satz 2 tritt an die Stelle des letzten Tages des Monats Februar der 31. Juli des zweiten auf den Heranziehungszeitraum folgenden Kalenderjahres. Eine Anordnung nach Satz 1 oder Satz 3 darf für die Abgaben der Erklärung keine kürzere als die in Absatz 2 bestimmte Frist setzen. In den Fällen der Sätze 1 und 3 erstreckt sich eine Anordnung auf alle Erklärungen im Sinne des Absatzes 3, die vom betroffenen Abgabenpflichtigen für den gleichen Heranziehungszeitraum oder Heranziehungszeitpunkt abzugeben sind.

(5) Absatz 3 gilt nicht für Umsatzsteuererklärungen für das Kalenderjahr, wenn die gewerbliche oder berufliche Tätigkeit vor oder mit dem Ablauf des Heranziehungszeitraums endete.

(6) Die oberste Landesfinanzbehörde oder eine von ihr bestimmte Landesfinanzbehörde kann zulassen, dass Personen, Gesellschaften, Verbände, Vereinigungen, Behörden und Körperschaften im Sinne der §§ 3 und 4 des Steuerberatungsgesetzes bis zu bestimmten Stichtagen einen bestimmten prozentualen Anteil der Erklärungen im Sinne des Absatzes 3 einreichen. Soweit Erklärungen im Sinne des Absatzes 3 in ein Verfahren nach Satz 1 einbezogen werden, ist Absatz 4 Satz 3 nicht anzuwenden. Die Einrichtung eines Verfahrens

nach Satz 1 steht im Ermessen der obersten Landesfinanzbehörden und ist nicht einklagbar.

§ 12 I Nr. 4 a) KAG i.V.m. § 150 AO: Form und Inhalt der Steuererklärungen

(1) Eine Steuererklärung ist nach amtlich vorgeschriebenem Vordruck abzugeben, wenn

1. keine elektronische Steuererklärung vorgeschrieben ist,

2. nicht freiwillig eine gesetzlich oder amtlich zugelassene elektronische Steuererklärung abgegeben wird,

3. keine mündliche oder konkludente Steuererklärung zugelassen ist und

4. eine Aufnahme der Steuererklärung an Amtsstelle nach § 151 AO nicht in Betracht kommt.

§ 87a Absatz 1 Satz 1 AO ist nur anzuwenden, soweit eine elektronische Steuererklärung vorgeschrieben oder zugelassen ist. Der Abgabenpflichtige hat in der Steuererklärung die Steuern selbst zu berechnen, soweit dies gesetzlich vorgeschrieben ist (Abgabenanmeldung).

(2) Die Angaben in den Steuererklärungen sind wahrheitsgemäß nach bestem Wissen und Gewissen zu machen.

(3) Ordnen die Abgabengesetze an, dass der Abgabenpflichtige die Steuererklärung eigenhändig zu unterschreiben hat, so ist die Unterzeichnung durch einen Bevollmächtigten nur dann zulässig, wenn der Abgabenpflichtige infolge seines körperlichen oder geistigen Zustands oder durch längere Abwesenheit an der Unterschrift gehindert ist. Die eigenhändige Unterschrift kann nachträglich verlangt werden, wenn der Hinderungsgrund weggefallen ist.

(4) Den Steuererklärungen müssen die Unterlagen beigefügt
werden, die nach den Abgabengesetzen vorzulegen sind.
Dritte Personen sind verpflichtet, hierfür erforderliche Be-
scheinigungen auszustellen.

(5) In die Steuererklärungsformulare können auch Fragen
aufgenommen werden, die zur Ergänzung der Besteuerungs-
unterlagen für Zwecke einer Statistik nach dem Gesetz über
Steuerstatistiken erforderlich sind. Die Körperschaften, denen
eine Abgabe zusteht, können ferner von Abgabenpflichtigen
Auskünfte verlangen, die für die Durchführung des Bundes-
ausbildungsförderungsgesetzes erforderlich sind. Die Körperschaften, denen eine Abgabe zusteht, haben bei der Überprüfung der Angaben dieselben Befugnisse wie bei der Aufklä-
rung der für die Heranziehung zu Abgaben erheblichen Verhältnisse.

§ 12 I Nr. 4 a) KAG i.V.m. § 151 AO: Aufnahme der Steuererklärung an Amtsstelle

Eine Steuererklärung, die schriftlich oder elektronisch abzugeben ist, kann bei der zuständigen Körperschaft zur Niederschrift erklärt werden, wenn dem Abgabenpflichtigen nach
seinen persönlichen Verhältnissen weder die elektronische
Übermittlung noch die Schriftform zuzumuten ist, insbesondere, wenn er nicht in der Lage ist, eine gesetzlich vorgeschriebene Selbstberechnung der Abgaben vorzunehmen oder
durch einen Dritten vornehmen zu lassen.

§ 12 I Nr. 4 a) KAG i.V.m. § 152 AO: Verspätungszuschlag

(1) Gegen denjenigen, der seiner Verpflichtung zur Abgaben einer Steuererklärung nicht oder nicht fristgemäß nachkommt, kann ein Verspätungszuschlag festgesetzt werden. Von der Festsetzung eines Verspätungszuschlags ist abzusehen, wenn der Erklärungspflichtige glaubhaft macht, dass die Verspätung entschuldbar ist; das Verschulden eines Vertreters oder eines Erfüllungsgehilfen ist dem Erklärungspflichtigen zuzurechnen.

(2) Abweichend von Absatz 1 ist ein Verspätungszuschlag festzusetzen, wenn eine Steuererklärung, die sich auf ein Kalenderjahr oder auf einen gesetzlich bestimmten Zeitpunkt bezieht,

1. nicht binnen 14 Monaten nach Ablauf des Kalenderjahrs oder nicht binnen 14 Monaten nach dem Heranziehungszeitpunkt,

2. in den Fällen des § 149 Absatz 2 Satz 2 AO nicht binnen 19 Monaten nach Ablauf des Kalenderjahrs oder nicht binnen 19 Monaten nach dem Heranziehungszeitpunkt oder

3. in den Fällen des § 149 Absatz 4 AO nicht bis zu dem in der Anordnung bestimmten Zeitpunkt

abgegeben wurde.

(3) Absatz 2 gilt nicht,

1. wenn die Körperschaft, der die Abgabe zusteht, die Frist für die Abgabe der Steuererklärung nach § 109 AO verlängert hat oder diese Frist rückwirkend verlängert,

2. wenn die Abgabe auf null Euro oder auf einen negativen Betrag festgesetzt wird,

3. wenn die festgesetzte Abgabe die Summe der festgesetzten Vorauszahlungen und der anzurechnenden Abgabenabzugsbeträge nicht übersteigt oder

4. bei jährlich abzugebenden Lohnsteueranmeldungen sowie bei jährlich abzugebenden Versicherungsteuer- und Feuerschutzsteueranmeldungen.

(4) Sind mehrere Personen zur Abgaben einer Steuererklärung verpflichtet, kann die Körperschaft, der die Abgabe zusteht, nach ihrem Ermessen entscheiden, ob sie den Verspätungszuschlag gegen eine der erklärungspflichtigen Personen, gegen mehrere der erklärungspflichtigen Personen oder gegen alle erklärungspflichtigen Personen festsetzt. Wird der Verspätungszuschlag gegen mehrere oder gegen alle erklärungspflichtigen Personen festgesetzt, sind diese Personen Gesamtschuldner des Verspätungszuschlags. In Fällen des § 180 Absatz 1 Satz 1 Nummer 2 Buchstabe a AO ist der Verspätungszuschlag vorrangig gegen die nach § 181 Absatz 2 Satz 2 Nummer 4 AO erklärungspflichtigen Personen festzusetzen.

(5) Der Verspätungszuschlag beträgt vorbehaltlich des Satzes 2, der Absätze 8 und 13 Satz 2 für jeden angefangenen Monat der eingetretenen Verspätung 0,25 Prozent der festgesetzten Steuer, mindestens jedoch 10 Euro für jeden angefangenen Monat der eingetretenen Verspätung. Für Steuererklärungen, die sich auf ein Kalenderjahr oder auf einen gesetzlich bestimmten Zeitpunkt beziehen, beträgt der Verspätungszuschlag für jeden angefangenen Monat der eingetretenen Verspätung 0,25 Prozent der um die festgesetzten Vorauszahlungen und die anzurechnenden Abgabenabzugsbeträge verminderten festgesetzten Steuer, mindestens jedoch 25 Euro für jeden angefangenen Monat der eingetretenen Verspätung. Wurde ein Erklärungspflichtiger von der

Körperschaft, der die Abgabe zusteht, erstmals nach Ablauf der gesetzlichen Erklärungsfrist zur Abgaben einer Steuererklärung innerhalb einer dort bezeichneten Frist aufgefordert und konnte er bis zum Zugang dieser Aufforderung davon ausgehen, keine Steuererklärung abgeben zu müssen, so ist der Verspätungszuschlag nur für die Monate zu berechnen, die nach dem Ablauf der in der Aufforderung bezeichneten Erklärungsfrist begonnen haben.

(6) Für Erklärungen zur gesonderten Feststellung von Heranziehungsgrundlagen, für Erklärungen zur Festsetzung des Gewerbesteuermessbetrags und für Zerlegungserklärungen gelten vorbehaltlich des Absatzes 7 die Absätze 1 bis 3 und Absatz 4 Satz 1 und 2 entsprechend. Der Verspätungszuschlag beträgt für jeden angefangenen Monat der eingetretenen Verspätung 25 Euro.

(7) Für Erklärungen zu gesondert festzustellenden Einkommensteuerpflichtigen oder Körperschaftsteuerpflichtigen Einkünften beträgt der Verspätungszuschlag für jeden angefangenen Monat der eingetretenen Verspätung 0,0625 Prozent der positiven Summe der festgestellten Einkünfte, mindestens jedoch 25 Euro für jeden angefangenen Monat der eingetretenen Verspätung.

(8) Absatz 5 gilt nicht für

1. vierteljährlich oder monatlich abzugebende Abgabenanmeldungen,

2. nach § 41a Absatz 2 Satz 2 zweiter Halbsatz des Einkommensteuergesetzes jährlich abzugebende Lohnsteueranmeldungen,

3. nach § 8 Absatz 2 Satz 3 des Versicherungsteuergesetzes jährlich abzugebende Versicherungsteueranmeldungen und

4. nach § 8 Absatz 2 Satz 3 des Feuerschutzsteuergesetzes jährlich abzugebende Feuerschutzsteueranmeldungen.

In diesen Fällen sind bei der Bemessung des Verspätungszuschlags die Dauer und Häufigkeit der Fristüberschreitung sowie die Höhe der Steuer zu berücksichtigen.

(9) Bei Nichtabgabe der Steuererklärung ist der Verspätungszuschlag für einen Zeitraum bis zum Ablauf desjenigen Tages zu berechnen, an dem die erstmalige Festsetzung der Abgaben wirksam wird. Gleiches gilt für die Nichtabgabe der Erklärung zur Festsetzung des Gewerbesteuermessbetrags, der Zerlegungserklärung oder der Erklärung zur gesonderten Feststellung von Heranziehungsgrundlagen.

(10) Der Verspätungszuschlag ist auf volle Euro abzurunden und darf höchstens 25 000 Euro betragen.

(11) Die Festsetzung des Verspätungszuschlags soll mit dem Steuerbescheid, dem Gewerbesteuermessbescheid oder dem Zerlegungsbescheid verbunden werden; in den Fällen des Absatzes 4 kann sie mit dem Feststellungsbescheid verbunden werden. In den Fällen des Absatzes 2 kann die Festsetzung des Verspätungszuschlags ausschließlich automationsgestützt erfolgen.

(12) Wird die Festsetzung der Steuer oder des Gewerbesteuermessbetrags oder der Zerlegungsbescheid oder die gesonderte Feststellung von Heranziehungsgrundlagen aufgehoben, so ist auch die Festsetzung eines Verspätungszuschlags aufzuheben. Wird die Festsetzung der Steuer, die Anrechnung von Vorauszahlungen oder Steuerabzugsbeträgen auf die festgesetzte Steuer oder in den Fällen des Absatzes 7 die gesonderte Feststellung einkommensteuerpflichtiger oder körperschaftsteuerpflichtiger Einkünfte geändert, zurückgenommen, widerrufen oder nach § 129 AO berichtigt, so ist ein festgesetzter Verspätungszuschlag entsprechend zu ermäßi-

gen oder zu erhöhen, soweit nicht auch nach der Änderung oder Berichtigung die Mindestbeträge anzusetzen sind. Ein Verlustrücktrag nach § 10d Absatz 1 des Einkommensteuergesetzes oder ein rückwirkendes Ereignis im Sinne des § 175 Absatz 1 Satz 1 Nummer 2 oder Absatz 2 AO sind hierbei nicht zu berücksichtigen.

(13) Die Absätze 2, 4 Satz 2, Absatz 5 Satz 2 sowie Absatz 8 gelten vorbehaltlich des Satzes 2 nicht für Steuererklärungen, die gegenüber den Hauptzollämtern abzugeben sind. Für die Bemessung des Verspätungszuschlags zu Steuererklärungen zur Luftverkehrsteuer gilt Absatz 8 Satz 2 entsprechend.

§ 12 I Nr. 4 a) KAG i.V.m. § 153 AO: Berichtigung von Erklärungen

(1) Erkennt ein Abgabenpflichtiger nachträglich vor Ablauf der Festsetzungsfrist,

1. dass eine von ihm oder für ihn abgegebene Erklärung unrichtig oder unvollständig ist und dass es dadurch zu einer Verkürzung von Abgaben kommen kann oder bereits gekommen ist oder

2. dass eine durch Verwendung von Steuerzeichen oder Steuerstemplern zu entrichtende Steuer nicht in der richtigen Höhe entrichtet worden ist,

so ist er verpflichtet, dies unverzüglich anzuzeigen und die erforderliche Richtigstellung vorzunehmen. Die Verpflichtung trifft auch den Gesamtrechtsnachfolger eines Abgabenpflichtigen und die nach den §§ 34 und 35 AO für den Gesamtrechtsnachfolger oder den Abgabenpflichtigen handelnden Personen.

(2) Die Anzeigepflicht besteht ferner, wenn die Voraussetzungen für eine Abgabenbefreiung, Abgabenermäßigung oder sonstige Abgabenvergünstigung nachträglich ganz oder teilweise wegfallen.

(3) Wer Waren, für die eine Abgabenvergünstigung unter einer Bedingung gewährt worden ist, in einer Weise verwenden will, die der Bedingung nicht entspricht, hat dies vorher der Körperschaft, der die Abgabe zusteht, anzuzeigen.

Abgabenfestsetzung

§ 12 I Nr. 4 b) KAG i.V.m. § 155 AO: Abgabenfestsetzung

(1) Die Abgaben werden, soweit nichts anderes vorgeschrieben ist, von der Körperschaft, der die Abgabe zusteht, durch Abgabenbescheid festgesetzt. Abgabenbescheid ist der nach § 122 Abs. 1 AO bekannt gegebene Verwaltungsakt. Dies gilt auch für die volle oder teilweise Freistellung von einer Abgabe und für die Ablehnung eines Antrags auf Abgabenfestsetzung.

(2) Ein Abgabenbescheid kann erteilt werden, auch wenn ein Grundlagenbescheid noch nicht erlassen wurde.

(3) Schulden mehrere Abgabenpflichtige eine Abgabe als Gesamtschuldner, so können gegen sie zusammengefasste Abgabenbescheide ergehen. Mit zusammengefassten Abgabenbescheiden können Verwaltungsakte über abgabenrechtliche Nebenleistungen oder sonstige Ansprüche, auf die dieses Gesetz anzuwenden ist, gegen einen oder mehrere der Abgabenpflichtigen verbunden werden. Das gilt auch dann, wenn festgesetzte Abgaben, abgabenrechtliche Nebenleistungen oder sonstige Ansprüche nach dem zwischen den Abgaben-

pflichtigen bestehenden Rechtsverhältnis nicht von allen Beteiligten zu tragen sind.

(4) Die Körperschaften, denen eine Abgabe zusteht, können Abgabenfestsetzungen sowie Anrechnungen von Abgabenabzugsbeträgen und Vorauszahlungen auf der Grundlage der ihnen vorliegenden Informationen und der Angaben des Abgabenpflichtigen ausschließlich automationsgestützt vornehmen, berichtigen, zurücknehmen, widerrufen, aufheben oder ändern, soweit kein Anlass dazu besteht, den Einzelfall durch Amtsträger zu bearbeiten. Das gilt auch

1. für den Erlass, die Berichtigung, die Rücknahme, den Widerruf, die Aufhebung und die Änderung von mit den Abgabenfestsetzungen sowie Anrechnungen von Steuerabzugsbeträgen und Vorauszahlungen verbundenen Verwaltungsakten sowie,

2. wenn die Abgabenfestsetzungen sowie Anrechnungen von Steuerabzugsbeträgen und Vorauszahlungen mit Nebenbestimmungen nach § 120 AO versehen oder verbunden werden, soweit dies durch eine Verwaltungsanweisung des Bundesministeriums der Finanzen oder der obersten Landesfinanzbehörden allgemein angeordnet ist.

Ein Anlass zur Bearbeitung durch Amtsträger liegt insbesondere vor, soweit der Abgabenpflichtige in einem dafür vorgesehenen Abschnitt oder Datenfeld der Steuererklärung Angaben im Sinne des § 150 Absatz 7 AO gemacht hat. Bei vollständig automationsgestütztem Erlass eines Verwaltungsakts gilt die Willensbildung über seinen Erlass und über seine Bekanntgabe im Zeitpunkt des Abschlusses der maschinellen Verarbeitung als abgeschlossen.

(5) Die für die Abgabenfestsetzung geltenden Vorschriften sind auf die Festsetzung einer Abgabenvergütung sinngemäß anzuwenden.

§ 12 I Nr. 4 b) KAG i.V.m. § 156 AO: Absehen von der Abgabenfestsetzung

Die Festsetzung einer Abgabe und einer abgabenrechtlichen Nebenleistung sowie deren Änderung kann, auch über einen Betrag von 25 Euro hinausgehend, unterbleiben, wenn zu erwarten ist, dass

1. die Erhebung keinen Erfolg haben wird oder

2. die Kosten der Festsetzung und die Kosten der Erhebung außer Verhältnis zu dem Betrag stehen werden.

Für bestimmte oder bestimmbare Fallgruppen können die obersten Finanzbehörden bundeseinheitliche Weisungen zur Anwendung von Satz 1 Nummer 2 erteilen. Diese Weisungen dürfen nicht veröffentlicht werden, soweit dies die Gleichmäßigkeit und Gesetzmäßigkeit der Heranziehung zu Abgaben gefährden könnte. Auf dem Gebiet der von den Landesfinanzbehörden im Auftrag des Bundes verwalteten Steuern legen die obersten Finanzbehörden der Länder diese Weisungen zur Gewährleistung eines bundeseinheitlichen Vollzugs der Abgabengesetze im Einvernehmen mit dem Bundesministerium der Finanzen fest.

§ 12 I Nr. 4 b) KAG i.V.m. § 157 AO: Form und Inhalt der Abgabenbescheide

(1) Abgabenbescheide sind schriftlich oder elektronisch zu erteilen, soweit nichts anderes bestimmt ist. Sie müssen die festgesetzte Abgabe nach Art und Betrag bezeichnen und angeben, wer die Abgabe schuldet. Ihnen ist außerdem eine Belehrung darüber beizufügen, welcher Rechtsbehelf zulässig

ist und binnen welcher Frist und bei welcher Behörde er einzulegen ist.

(2) Die Feststellung der Heranziehungsgrundlagen bildet einen mit Rechtsbehelfen nicht selbständig anfechtbaren Teil des Abgabenbescheids, soweit die Heranziehungsgrundlagen nicht gesondert festgestellt werden.

§ 12 I Nr. 4 b) KAG i.V.m. § 158 AO: Beweiskraft der Buchführung

Die Buchführung und die Aufzeichnungen des Abgabenpflichtigen, die den Vorschriften der §§ 140 bis 148 AO entsprechen, sind der Heranziehung zu Abgaben zugrunde zu legen, soweit nach den Umständen des Einzelfalls kein Anlass ist, ihre sachliche Richtigkeit zu beanstanden.

§ 12 I Nr. 4 b) KAG i.V.m. § 159 AO: Nachweis der Treuhänderschaft

(1) Wer behauptet, dass er Rechte, die auf seinen Namen lauten, oder Sachen, die er besitzt, nur als Treuhänder, Vertreter eines anderen oder Pfandgläubiger innehabe oder besitze, hat auf Verlangen nachzuweisen, wem die Rechte oder Sachen gehören; anderenfalls sind sie ihm regelmäßig zuzurechnen. Das Recht der Körperschaft, der die Abgabe zusteht, den Sachverhalt zu ermitteln, wird dadurch nicht eingeschränkt.

(2) § 102 AO bleibt unberührt.

§ 12 I Nr. 4 b) KAG i.V.m. § 160 AO: Benennung von Gläubigern und Zahlungsempfängern

(1) Schulden und andere Lasten, Betriebsausgaben, Werbungskosten und andere Ausgaben sind abgabenrechtlich regelmäßig nicht zu berücksichtigen, wenn der Abgabenpflichtige dem Verlangen der Körperschaft, der die Abgabe zusteht, nicht nachkommt, die Gläubiger oder die Empfänger genau zu benennen. Das Recht der Körperschaft, der die Abgabe zusteht, den Sachverhalt zu ermitteln, bleibt unberührt.

(2) § 102 AO bleibt unberührt.

§ 12 I Nr. 4 b) KAG i.V.m. § 162 AO: Schätzung von Heranziehungsgrundlagen

(1) Soweit die Körperschaft, der die Abgabe zusteht, die Heranziehungsgrundlagen nicht ermitteln oder berechnen kann, hat sie sie zu schätzen. Dabei sind alle Umstände zu berücksichtigen, die für die Schätzung von Bedeutung sind.

(2) Zu schätzen ist insbesondere dann, wenn der Abgabenpflichtige über seine Angaben keine ausreichenden Aufklärungen zu geben vermag oder weitere Auskunft oder eine Versicherung an Eides statt verweigert oder seine Mitwirkungspflicht nach § 90 Abs. 2 AO verletzt. Das Gleiche gilt, wenn der Abgabenpflichtige Bücher oder Aufzeichnungen, die er nach den Abgabengesetzen zu führen hat, nicht vorlegen kann, wenn die Buchführung oder die Aufzeichnungen der Heranziehung zu Abgaben nicht nach § 158 AO zugrunde gelegt werden oder wenn tatsächliche Anhaltspunkte für die Unrichtigkeit oder Unvollständigkeit der vom Abgabenpflichti-

gen gemachten Angaben zu abgabenpflichtigen Einnahmen
oder Betriebsvermögensmehrungen bestehen und der Abgabenpflichtige die Zustimmung nach § 93 Abs. 7 Satz 1 Nr. 5
AO nicht erteilt. Hat der Abgabenpflichtige seine Mitwirkungspflichten nach § 90 Absatz 2 Satz 3 AO verletzt, so wird
widerlegbar vermutet, dass Abgabenpflichtige Einkünfte in
Staaten oder Gebieten im Sinne des § 90 Absatz 2 Satz 3 AO
vorhanden oder höher als die erklärten Einkünfte sind.

(3) Verletzt ein Abgabenpflichtiger seine Mitwirkungspflichten
nach § 90 Absatz 3 AO dadurch, dass er keine Aufzeichnungen über einen Geschäftsvorfall vorlegt, oder sind die über
einen Geschäftsvorfall vorgelegten Aufzeichnungen im Wesentlichen unverwertbar oder wird festgestellt, dass der Abgabenpflichtige Aufzeichnungen im Sinne des § 90 Absatz 3
Satz 8 AO nicht zeitnah erstellt hat, so wird widerlegbar vermutet, dass seine im Inland Abgabenpflichtigen Einkünfte, zu
deren Ermittlung die Aufzeichnungen im Sinne des § 90 Absatz 3 AO dienen, höher als die von ihm erklärten Einkünfte
sind. Hat in solchen Fällen die Körperschaft, der die Abgabe
zusteht, eine Schätzung vorzunehmen und können diese
Einkünfte nur innerhalb eines bestimmten Rahmens, insbesondere nur auf Grund von Preisspannen bestimmt werden,
kann dieser Rahmen zu Lasten des Abgabenpflichtigen ausgeschöpft werden. Bestehen trotz Vorlage verwertbarer Aufzeichnungen durch den Abgabenpflichtigen Anhaltspunkte
dafür, dass seine Einkünfte bei Beachtung des Fremdver-
gleichsgrundsatzes höher wären als die auf Grund der Aufzeichnungen erklärten Einkünfte, und können entsprechende
Zweifel deswegen nicht aufgeklärt werden, weil eine auslän-
dische, nahe stehende Person ihre Mitwirkungspflichten nach
§ 90 Abs. 2 AO oder ihre Auskunftspflichten nach § 93 Abs. 1
AO nicht erfüllt, ist Satz 2 entsprechend anzuwenden.

(4) Legt ein Abgabenpflichtiger über einen Geschäftsvorfall
keine Aufzeichnungen im Sinne des § 90 Absatz 3 AO vor
oder sind die über einen Geschäftsvorfall vorgelegten Aufzeichnungen im Wesentlichen unverwertbar, ist ein Zuschlag
von 5 000 Euro festzusetzen. Der Zuschlag beträgt mindestens 5 Prozent und höchstens 10 Prozent des Mehrbetrags
der Einkünfte, der sich nach einer Berichtigung auf Grund der
Anwendung des Absatzes 3 ergibt, wenn sich danach ein
Zuschlag von mehr als 5 000 Euro ergibt. Bei verspäteter
Vorlage von verwertbaren Aufzeichnungen beträgt der Zuschlag bis zu 1 000 000 Euro, mindestens jedoch 100 Euro
für jeden vollen Tag der Fristüberschreitung. Soweit den
Körperschaften, denen eine Abgabe zusteht, Ermessen hin-
sichtlich der Höhe des Zuschlags eingeräumt ist, sind neben
dessen Zweck, den Abgabenpflichtigen zur Erstellung und
fristgerechten Vorlage der Aufzeichnungen im Sinne des § 90
Abs. 3 AO anzuhalten, insbesondere die von ihm gezogenen
Vorteile und bei verspäteter Vorlage auch die Dauer der
Fristüberschreitung zu berücksichtigen. Von der Festsetzung
eines Zuschlags ist abzusehen, wenn die Nichterfüllung der
Pflichten nach § 90 Abs. 3 AO entschuldbar erscheint oder ein
Verschulden nur geringfügig ist. Das Verschulden eines ge-
setzlichen Vertreters oder eines Erfüllungsgehilfen steht dem
eigenen Verschulden gleich. Der Zuschlag ist regelmäßig nach
Abschluss der Außenprüfung festzusetzen.

(5) In den Fällen des § 155 Abs. 2 AO können die in einem
Grundlagenbescheid festzustellenden Heranziehungsgrundlagen geschätzt werden.

§ 12 I Nr. 4 b) KAG i.V.m. § 163 AO: Abweichende Festsetzung von Abgaben aus Billigkeitsgründen

(1) Abgaben können niedriger festgesetzt werden und einzelne Heranziehungsgrundlagen, die die Abgaben erhöhen, können bei der Festsetzung der Abgaben unberücksichtigt bleiben, wenn die Erhebung der Abgaben nach Lage des einzelnen Falls unbillig wäre.

(2) Eine Billigkeitsmaßnahme nach Absatz 1 kann mit der Abgabenfestsetzung verbunden werden, für die sie von Bedeutung ist.

Anmerkung: § 12 Abs. 1 Nr. 4. b) KAG verweist ausdrücklich auf § 163 Satz 1 und Satz 3 AO. Diese Bezugnahme ist seit 01.01.2017 durch Änderungsgesetz zur Abgabenordnung vom 18.07.2016 überholt. Den in Bezug genommenen Vorschriften in der früheren Fassung entsprechen heute (inhaltlich unverändert) § 163 Abs. 1 Satz 1 AO 2017 sowie § 163 Abs. 2 AO 2017. Diese sind vorstehend wiedergegeben. Die Aktualisierung gemäß § 25 Abs. 1 KAG auf den neuen Standort der identischen Sachregelung steht noch aus.

§ 12 I Nr. 4 b) KAG i.V.m. § 164 AO: Abgabenfestsetzung unter Vorbehalt der Nachprüfung

(1) Die Abgaben können, solange der Abgabenfall nicht abschließend geprüft ist, allgemein oder im Einzelfall unter dem Vorbehalt der Nachprüfung festgesetzt werden, ohne dass dies einer Begründung bedarf. Die Festsetzung einer Vorauszahlung ist stets eine Abgabenfestsetzung unter Vorbehalt der Nachprüfung.

(2) Solange der Vorbehalt wirksam ist, kann die Abgabenfestsetzung aufgehoben oder geändert werden. Der Abgabenpflichtige kann die Aufhebung oder Änderung der Abgabenfestsetzung jederzeit beantragen. Die Entscheidung hierüber kann jedoch bis zur abschließenden Prüfung des Abgabenfalls, die innerhalb angemessener Frist vorzunehmen ist, hinausgeschoben werden.

(3) Der Vorbehalt der Nachprüfung kann jederzeit aufgehoben werden. Die Aufhebung steht einer Abgabenfestsetzung ohne Vorbehalt der Nachprüfung gleich; § 157 Abs. 1 Satz 1 und 3 AO gilt sinngemäß. Nach einer Außenprüfung ist der Vorbehalt aufzuheben, wenn sich Änderungen gegenüber der Abgabenfestsetzung unter Vorbehalt der Nachprüfung nicht ergeben.

(4) Der Vorbehalt der Nachprüfung entfällt, wenn die Festsetzungsfrist abläuft. § 169 Absatz 2 Satz 2 AO, § 170 Absatz 6 AO und § 171 Absatz 7, 8 und 10 AO sind nicht anzuwenden.

§ 12 I Nr. 4 b) KAG i.V.m. § 165 AO: Vorläufige Abgabenfestsetzung, Aussetzung der Abgabenfestsetzung

(1) Soweit ungewiss ist, ob die Voraussetzungen für die Entstehung einer Abgabe eingetreten sind, kann sie vorläufig festgesetzt werden. Diese Regelung ist auch anzuwenden, wenn

1. ungewiss ist, ob und wann Verträge mit anderen Staaten über die Heranziehung zu Abgaben (§ 2 AO), die sich zugunsten des Abgabenpflichtigen auswirken, für die Abgabenfestsetzung wirksam werden,

2. das Bundesverfassungsgericht die Unvereinbarkeit eines Abgabengesetzes mit dem Grundgesetz festgestellt hat und der Gesetzgeber zu einer Neuregelung verpflichtet ist,

2a. sich auf Grund einer Entscheidung des Gerichtshofes der Europäischen Union ein Bedarf für eine gesetzliche Neuregelung ergeben kann,

3. die Vereinbarkeit eines Abgabengesetzes mit höherrangigem Recht Gegenstand eines Verfahrens bei dem Gerichtshof der Europäischen Union, dem Bundesverfassungsgericht oder einem obersten Bundesgericht ist oder

4. die Auslegung eines Abgabengesetzes Gegenstand eines Verfahrens bei dem Bundesfinanzhof ist.

Umfang und Grund der Vorläufigkeit sind anzugeben. Unter den Voraussetzungen der Sätze 1 oder 2 kann die Abgabenfestsetzung auch gegen oder ohne Sicherheitsleistung ausgesetzt werden.

(2) Soweit die Körperschaft, der die Abgabe zusteht, eine Abgabe vorläufig festgesetzt hat, kann sie die Festsetzung aufheben oder ändern. Wenn die Ungewissheit beseitigt ist, ist eine vorläufige Abgabenfestsetzung aufzuheben, zu ändern oder für endgültig zu erklären; eine ausgesetzte Abgabenfestsetzung ist nachzuholen. In den Fällen des Absatzes 1 Satz 2 Nr. 4 endet die Ungewissheit, sobald feststeht, dass die Grundsätze der Entscheidung des Bundesfinanzhofs über den entschiedenen Einzelfall hinaus allgemein anzuwenden sind. In den Fällen des Absatzes 1 Satz 2 muss eine vorläufige Abgabenfestsetzung nach Satz 2 nur auf Antrag des Abgabenpflichtigen für endgültig erklärt werden, wenn sie nicht aufzuheben oder zu ändern ist.

§ 12 I Nr. 4 b) KAG i.V.m. § 166 AO: Drittwirkung der Abgabenfestsetzung

Ist die Abgabe dem Abgabenpflichtigen gegenüber unanfechtbar festgesetzt, so hat dies neben einem Gesamtrechtsnachfolger auch gegen sich gelten zu lassen, wer in der Lage gewesen wäre, den gegen den Abgabenpflichtigen erlassenen Bescheid als dessen Vertreter, Bevollmächtigter oder kraft eigenen Rechts anzufechten.

§ 12 I Nr. 4 b) KAG i.V.m. § 167 AO: Abgabenanmeldung, Verwendung von Steuerzeichen oder Steuerstemplern

(1) Ist eine Abgabe auf Grund gesetzlicher Verpflichtung anzumelden (§ 150 Abs. 1 Satz 3 AO), so ist eine Festsetzung der Steuer nach § 155 AO nur erforderlich, wenn die Festsetzung zu einer abweichenden Abgabe führt oder der Abgaben- oder Haftungsschuldner die Abgabenanmeldung nicht abgibt. Satz 1 gilt sinngemäß, wenn die Steuer auf Grund gesetzlicher Verpflichtung durch Verwendung von Steuerzeichen oder Steuerstemplern zu entrichten ist. Erkennt der Abgaben- oder Haftungsschuldner nach Abschluss einer Außenprüfung im Sinne des § 193 Abs. 2 Nr. 1 AO seine Zahlungsverpflichtung schriftlich an, steht das Anerkenntnis einer Abgabenanmeldung gleich.

(2) Abgabenanmeldungen gelten auch dann als rechtzeitig abgegeben, wenn sie fristgerecht bei der zuständigen Kasse eingehen. Dies gilt nicht für Einfuhr- und Ausfuhrsteuer und Verbrauchsteuern.

§ 12 I Nr. 4 b) KAG i.V.m. § 168 AO: Wirkung einer Abgabenanmeldung

Eine Abgabenanmeldung steht einer Abgabenfestsetzung unter Vorbehalt der Nachprüfung gleich. Führt die Abgabenanmeldung zu einer Herabsetzung der bisher zu entrichtenden Abgabe oder zu einer Abgabenvergütung, so gilt Satz 1 erst, wenn die Körperschaft, der die Abgabe zusteht, zustimmt. Die Zustimmung bedarf keiner Form.

Festsetzungsverjährung

§ 12 I Nr. 4 b) KAG i.V.m. § 169 AO: Festsetzungsfrist

(1) Eine Abgabenfestsetzung sowie ihre Aufhebung oder Änderung sind nicht mehr zulässig, wenn die Festsetzungsfrist abgelaufen ist. Dies gilt auch für die Berichtigung wegen offenbarer Unrichtigkeit nach § 129 AO. Die Frist ist gewahrt, wenn vor Ablauf der Festsetzungsfrist

1. der Abgabenbescheid oder im Fall des § 122a AO die elektronische Benachrichtigung den Bereich der für die Abgabenfestsetzung zuständigen Körperschaft verlassen hat oder

2. bei öffentlicher Zustellung nach § 10 des Verwaltungszustellungsgesetzes die Benachrichtigung bekannt gemacht oder veröffentlicht wird.

(2) Die Festsetzungsfrist beträgt vier Jahre.

§ 12 I Nr. 4 b) KAG i.V.m. § 170 AO: Beginn der Festsetzungsfrist

(1) Die Festsetzungsfrist beginnt mit Ablauf des Kalenderjahrs, in dem die Abgabe entstanden ist oder eine bedingt entstandene Abgabe unbedingt geworden ist.

(2) Abweichend von Absatz 1 beginnt die Festsetzungsfrist, wenn

1. eine Steuererklärung oder eine Abgabenanmeldung einzureichen oder eine Anzeige zu erstatten ist, mit Ablauf des Kalenderjahrs, in dem die Steuererklärung, die Abgabenanmeldung oder die Anzeige eingereicht wird, spätestens jedoch mit Ablauf des dritten Kalenderjahrs, das auf das Kalenderjahr folgt, in dem die Abgaben entstanden ist, es sei denn, dass die Festsetzungsfrist nach Absatz 1 später beginnt,

2. eine Abgabe durch Verwendung von Steuerzeichen oder Steuerstemplern zu zahlen ist, mit Ablauf des Kalenderjahrs, in dem für den Steuerfall Steuerzeichen oder Steuerstempler verwendet worden sind, spätestens jedoch mit Ablauf des dritten Kalenderjahrs, das auf das Kalenderjahr folgt, in dem die Steuerzeichen oder Steuerstempler hätten verwendet werden müssen.

Dies gilt nicht für Verbrauchsteuern, ausgenommen die Energiesteuer auf Erdgas und die Stromsteuer.

(3) Wird eine Abgabe oder eine Abgabenvergütung nur auf Antrag festgesetzt, so beginnt die Frist für die Aufhebung oder Änderung dieser Festsetzung oder ihrer Berichtigung nach § 129 AO nicht vor Ablauf des Kalenderjahrs, in dem der Antrag gestellt wird.

§ 12 I Nr. 4 b) KAG i.V.m. § 171 AO: Ablaufhemmung

(1) Die Festsetzungsfrist läuft nicht ab, solange die Abgabenfestsetzung wegen höherer Gewalt innerhalb der letzten sechs Monate des Fristlaufs nicht erfolgen kann.

(2) Ist beim Erlass eines Abgabenbescheids eine offenbare Unrichtigkeit unterlaufen, so endet die Festsetzungsfrist insoweit nicht vor Ablauf eines Jahres nach Bekanntgabe dieses Abgabenbescheids. Das Gleiche gilt in den Fällen des § 173a AO.

(3) Wird vor Ablauf der Festsetzungsfrist außerhalb eines Widerspruchs- oder Klageverfahrens ein Antrag auf Abgabenfestsetzung oder auf Aufhebung oder Änderung einer Abgabenfestsetzung oder ihrer Berichtigung nach § 129 AO gestellt, so läuft die Festsetzungsfrist insoweit nicht ab, bevor über den Antrag unanfechtbar entschieden worden ist.

(3a) Wird ein Abgabenbescheid mit einem Widerspruch oder einer Klage angefochten, so läuft die Festsetzungsfrist nicht ab, bevor über den Rechtsbehelf unanfechtbar entschieden ist; dies gilt auch, wenn der Rechtsbehelf erst nach Ablauf der Festsetzungsfrist eingelegt wird. Der Ablauf der Festsetzungsfrist ist hinsichtlich des gesamten Abgabenanspruchs gehemmt; dies gilt nicht, soweit der Rechtsbehelf unzulässig ist. In den Fällen des § 113 Abs. 1 Satz 1, Abs. 2 Satz 2, Abs. 3 Satz 1 und Abs. 5 der Verwaltungsgerichtsordnung ist über den Rechtsbehelf erst dann unanfechtbar entschieden, wenn ein auf Grund der genannten Vorschriften erlassener Abgabenbescheid unanfechtbar geworden ist.

(7) In den Fällen des § 169 Abs. 2 Satz 2 AO endet die Festsetzungsfrist nicht, bevor die Verfolgung der Abgabenstraftat oder der Abgabenordnungswidrigkeit verjährt ist.

(8) Ist die Festsetzung einer Abgabe nach § 165 AO ausgesetzt oder die Abgaben vorläufig festgesetzt worden, so endet die Festsetzungsfrist nicht vor dem Ablauf eines Jahres, nachdem die Ungewissheit beseitigt ist und die Körperschaft, der die Abgabe zusteht, hiervon Kenntnis erhalten hat. In den Fällen des § 165 Abs. 1 Satz 2 AO endet die Festsetzungsfrist nicht vor Ablauf von zwei Jahren, nachdem die Ungewissheit beseitigt ist und die Körperschaft, der die Abgabe zusteht, hiervon Kenntnis erlangt hat.

(9) Erstattet der Abgabenpflichtige vor Ablauf der Festsetzungsfrist eine Anzeige nach den §§ 153, 371 und 378 Abs. 3 AO, so endet die Festsetzungsfrist nicht vor Ablauf eines Jahres nach Eingang der Anzeige.

(10) Soweit für die Festsetzung einer Abgabe ein Feststellungsbescheid, ein Steuermessbescheid oder ein anderer Verwaltungsakt bindend ist (Grundlagenbescheid), endet die Festsetzungsfrist nicht vor Ablauf von zwei Jahren nach Bekanntgabe des Grundlagenbescheids. Ist für den Erlass des Grundlagenbescheids eine Stelle zuständig, die keine Finanzbehörde im Sinne des § 6 Absatz 2 AO ist, endet die Festsetzungsfrist nicht vor Ablauf von zwei Jahren nach dem Zeitpunkt, in dem die für den Folgebescheid zuständige Körperschaft Kenntnis von der Entscheidung über den Erlass des Grundlagenbescheids erlangt hat. Die Sätze 1 und 2 gelten für einen Grundlagenbescheid, auf den § 181 AO nicht anzuwenden ist, nur, sofern dieser Grundlagenbescheid vor Ablauf der für den Folgebescheid geltenden Festsetzungsfrist bei der zuständigen Behörde beantragt worden ist. Ist der Ablauf der Festsetzungsfrist hinsichtlich des Teils der Abgaben, für den der Grundlagenbescheid nicht bindend ist, nach Absatz 4 gehemmt, endet die Festsetzungsfrist für den Teil der Abgaben, für den der Grundlagenbescheid bindend ist, nicht vor Ablauf der nach Absatz 4 gehemmten Frist.

(10a) Soweit Daten eines Abgabenpflichtigen im Sinne des § 93c AO innerhalb von sieben Kalenderjahren nach dem Heranziehungszeitraum oder dem Heranziehungszeitpunkt den Körperschaften, denen eine Abgabe zusteht, zugegangen sind, endet die Festsetzungsfrist nicht vor Ablauf von zwei Jahren nach Zugang dieser Daten.

(11) Ist eine geschäftsunfähige oder in der Geschäftsfähigkeit beschränkte Person ohne gesetzlichen Vertreter, so endet die Festsetzungsfrist nicht vor Ablauf von sechs Monaten nach dem Zeitpunkt, in dem die Person unbeschränkt geschäftsfähig wird oder der Mangel der Vertretung aufhört. Dies gilt auch, soweit für eine Person ein Betreuer bestellt und ein Einwilligungsvorbehalt nach § 1903 des Bürgerlichen Gesetzbuchs angeordnet ist, der Betreuer jedoch verstorben oder auf andere Weise weggefallen oder aus rechtlichen Gründen an der Vertretung des Betreuten verhindert ist.

(12) Richtet sich die Abgabe gegen einen Nachlass, so endet die Festsetzungsfrist nicht vor dem Ablauf von sechs Monaten nach dem Zeitpunkt, in dem die Erbschaft von dem Erben angenommen oder das Insolvenzverfahren über den Nachlass eröffnet wird oder von dem an die Abgabe gegen einen Vertreter festgesetzt werden kann.

(13) Wird vor Ablauf der Festsetzungsfrist eine noch nicht festgesetzte Abgabe im Insolvenzverfahren angemeldet, so läuft die Festsetzungsfrist insoweit nicht vor Ablauf von drei Monaten nach Beendigung des Insolvenzverfahrens ab.

(14) Die Festsetzungsfrist für einen Abgabenanspruch endet nicht, soweit ein damit zusammenhängender Erstattungsanspruch nach § 37 Abs. 2 AO noch nicht verjährt ist (§ 228 AO).

Haftung

§ 12 I Nr. 4 b) KAG i.V.m. § 191 AO: Haftungs-
bescheide, Duldungsbescheide

(1) Wer kraft Gesetzes für eine Abgabe haftet (Haftungsschuldner), kann durch Haftungsbescheid, wer kraft Gesetzes
verpflichtet ist, die Vollstreckung zu dulden, kann durch Dul-
dungsbescheid in Anspruch genommen werden. Die Anfechtung wegen Ansprüchen aus dem Abgabenschuldverhältnis
außerhalb des Insolvenzverfahrens erfolgt durch Duldungsbe-
scheid, soweit sie nicht im Wege der Einrede nach § 9 des
Anfechtungsgesetzes geltend zu machen ist; bei der Berechnung von Fristen nach den §§ 3 und 4 des Anfechtungsgesetzes steht der Erlass eines Duldungsbescheids der gerichtlichen Geltendmachung der Anfechtung nach § 7 Abs. 1 des
Anfechtungsgesetzes gleich. Die Bescheide sind schriftlich zu
erteilen.

(2) Bevor gegen einen Rechtsanwalt, Patentanwalt, Notar,
Steuerberater, Steuerbevollmachtigten, Wirtschaftsprüfer
oder vereidigten Buchprüfer wegen einer Handlung im Sinne
des § 69 AO, die er in Ausübung seines Berufs vorgenommen
hat, ein Haftungsbescheid erlassen wird, gibt die Körperschaft, der die Abgabe zusteht, der zuständigen Berufskammer Gelegenheit, die Gesichtspunkte vorzubringen, die von
ihrem Standpunkt für die Entscheidung von Bedeutung sind.

(3) Die Vorschriften über die Festsetzungsfrist sind auf den
Erlass von Haftungsbescheiden entsprechend anzuwenden.
Die Festsetzungsfrist beträgt vier Jahre, in den Fällen des
§ 70 AO bei Abgabenhinterziehung zehn Jahre, bei leichtferti-
ger Abgabenverkürzung fünf Jahre, in den Fällen des § 71 AO
zehn Jahre. Die Festsetzungsfrist beginnt mit Ablauf des Kalenderjahrs, in dem der Tatbestand verwirklicht worden ist,

an den das Gesetz die Haftungsfolge knüpft. Ist die Abgabe, für die gehaftet wird, noch nicht festgesetzt worden, so endet die Festsetzungsfrist für den Haftungsbescheid nicht vor Ablauf der für die Abgabenfestsetzung geltenden Festsetzungsfrist; andernfalls gilt § 171 Abs. 10 AO sinngemäß. In den Fällen der §§ 73 und 74 AO endet die Festsetzungsfrist nicht, bevor die gegen den Abgabenschuldner festgesetzte Abgabe verjährt (§ 228 AO) ist.

(4) Ergibt sich die Haftung nicht aus den Abgabengesetzen, so kann ein Haftungsbescheid ergehen, solange die Haftungsansprüche nach dem für sie maßgebenden Recht noch nicht verjährt sind.

(5) Ein Haftungsbescheid kann nicht mehr ergehen,

1. soweit die Abgabe gegen den Abgabenschuldner nicht festgesetzt worden ist und wegen Ablaufs der Festsetzungsfrist auch nicht mehr festgesetzt werden kann,

2. soweit die gegen den Abgabenschuldner festgesetzte Abgabe verjährt ist oder die Abgabe erlassen worden ist.

Dies gilt nicht, wenn die Haftung darauf beruht, dass der Haftungsschuldner Abgabenhinterziehung oder Steuerhehlerei begangen hat.

§ 12 I Nr. 4 b) KAG i.V.m. § 192 AO: Vertragliche Haftung

Wer sich auf Grund eines Vertrags verpflichtet hat, für die Abgaben eines anderen einzustehen, kann nur nach den Vorschriften des bürgerlichen Rechts in Anspruch genommen werden.

§ 12 I Nr. 5 a) KAG i.V.m. § 218 Abs. 1, 2 und 3 Satz 1 AO:
Verwirklichung von Ansprüchen aus dem
Abgabenschuldverhältnis

Verwirklichung, Fälligkeit und Erlöschen von Ansprüchen

§ 12 I Nr. 5 a) KAG i.V.m. § 218 Abs. 1, 2 und 3 Satz 1 AO: Verwirklichung von Ansprüchen aus dem Abgabenschuldverhältnis

(1) Grundlage für die Verwirklichung von Ansprüchen aus dem Abgabenschuldverhältnis (§ 37 AO) sind die Abgabenbescheide, die Abgabenvergütungsbescheide, die Haftungsbescheide und die Verwaltungsakte, durch die abgabenrechtliche Nebenleistungen festgesetzt werden; bei den Säumniszuschlägen genügt die Verwirklichung des gesetzlichen Tatbestands (§ 240 AO). Die Abgabenanmeldungen (§ 168 AO) stehen den Abgabenbescheiden gleich.

(2) Über Streitigkeiten, die die Verwirklichung der Ansprüche im Sinne des Absatzes 1 betreffen, entscheidet die Körperschaft, der die Abgabe zusteht, durch Abrechnungsbescheid. Dies gilt auch, wenn die Streitigkeit einen Erstattungsanspruch (§ 37 Abs. 2 AO) betrifft.

(3) Wird eine Anrechnungsverfügung oder ein Abrechnungsbescheid auf Grund eines Rechtsbehelfs oder auf Antrag des Abgabenpflichtigen oder eines Dritten zurückgenommen und in dessen Folge ein für ihn günstigerer Verwaltungsakt erlassen, können nachträglich gegenüber dem Abgabenpflichtigen oder einer anderen Person die entsprechenden abgabenrechtlichen Folgerungen gezogen werden.

§ 12 I Nr. 5 a) KAG i.V.m. § 218 Abs. 3 Satz 2, § 174 Abs. 4 und 5 AO: Verwirklichung von Ansprüchen aus dem Abgabenschuldverhältnis, Widerstreitende Abgabenfestsetzungen

(4) Ist auf Grund irriger Beurteilung eines bestimmten Sachverhalts ein Steuerbescheid ergangen, der auf Grund eines Rechtsbehelfs oder sonst auf Antrag des Steuerpflichtigen durch die Finanzbehörde zu seinen Gunsten aufgehoben oder geändert wird, so können aus dem Sachverhalt nachträglich durch Erlass oder Änderung eines Steuerbescheids die richtigen steuerlichen Folgerungen gezogen werden. Dies gilt auch dann, wenn der Steuerbescheid durch das Gericht aufgehoben oder geändert wird. Der Ablauf der Festsetzungsfrist ist unbeachtlich, wenn die steuerlichen Folgerungen innerhalb eines Jahres nach Aufhebung oder Änderung des fehlerhaften Steuerbescheids gezogen werden. War die Festsetzungsfrist bereits abgelaufen, als der später aufgehobene oder geänderte Steuerbescheid erlassen wurde, gilt dies nur unter den Voraussetzungen des Absatzes 3 Satz 1.

(5) Gegenüber Dritten gilt Absatz 4, wenn sie an dem Verfahren, das zur Aufhebung oder Änderung des fehlerhaften Steuerbescheids geführt hat, beteiligt waren. Ihre Hinzuziehung oder Beiladung zu diesem Verfahren ist zulässig.

§ 12 I Nr. 5 a) KAG i.V.m. § 219 AO: Zahlungsaufforderung bei Haftungsbescheiden

Wenn nichts anderes bestimmt ist, darf ein Haftungsschuldner auf Zahlung nur in Anspruch genommen werden, soweit

die Vollstreckung in das bewegliche Vermögen des Abgabenschuldners ohne Erfolg geblieben oder anzunehmen ist, dass
die Vollstreckung aussichtslos sein würde. Diese Einschrän-
kung gilt nicht, wenn die Haftung darauf beruht, dass der
Haftungsschuldner Abgabenhinterziehung oder Steuerhehlerei
begangen hat oder gesetzlich verpflichtet war, Abgaben einzubehalten und abzuführen oder zu Lasten eines anderen zu
entrichten.

§ 12 I Nr. 5 a) KAG i.V.m. § 221 AO: Abwei-
chende Fälligkeitsbestimmung

Hat ein Abgabenpflichtiger eine Verbrauchsteuer oder die
Umsatzsteuer mehrfach nicht rechtzeitig entrichtet, so kann
die Körperschaft, der die Abgabe zusteht, verlangen, dass die
Abgaben jeweils zu einem von der Körperschaft zu bestimmenden, vor der gesetzlichen Fälligkeit aber nach Entstehung
der Abgaben liegenden Zeitpunkt entrichtet wird. Das Gleiche
gilt, wenn die Annahme begründet ist, dass der Eingang einer
Verbrauchsteuer oder der Umsatzsteuer gefährdet ist; an
Stelle der Vorverlegung der Fälligkeit kann auch Sicherheitsleistung verlangt werden. In den Fällen des Satzes 1 ist die
Vorverlegung der Fälligkeit nur zulässig, wenn sie dem Abgabenpflichtigen für den Fall erneuter nicht rechtzeitiger Entrichtung angekündigt worden ist.

§ 12 I Nr. 5 a) KAG i.V.m. § 222 AO: Stundung

Die Körperschaften, denen eine Abgabe zusteht, können Ansprüche aus dem Abgabenschuldverhältnis ganz oder teilweise stunden, wenn die Einziehung bei Fälligkeit eine erhebliche
Härte für den Schuldner bedeuten würde und der Anspruch

durch die Stundung nicht gefährdet erscheint. Die Stundung soll in der Regel nur auf Antrag und gegen Sicherheitsleistung gewährt werden. Abgabenansprüche gegen den Abgabenschuldner können nicht gestundet werden, soweit ein Dritter (Entrichtungspflichtiger) die Abgaben für Rechnung des Abgabenschuldners zu entrichten, insbesondere einzubehalten und abzuführen hat. Die Stundung des Haftungsanspruchs gegen den Entrichtungspflichtigen ist ausgeschlossen, soweit er Steuerabzugsbeträge einbehalten oder Beträge, die eine Abgabe enthalten, eingenommen hat.

Zahlung, Aufrechnung und Erlass

§ 12 I Nr. 5 a) KAG i.V.m. § 224 AO: Leistungsort, Tag der Zahlung

(1) Zahlungen an Körperschaften, denen eine Abgabe zusteht, sind an die zuständige Kasse zu entrichten. Außerhalb des Kassenraums können Zahlungsmittel nur einem Amtsträger übergeben werden, der zur Annahme von Zahlungsmitteln außerhalb des Kassenraums besonders ermächtigt worden ist und sich hierüber ausweisen kann.

(2) Eine wirksam geleistete Zahlung gilt als entrichtet:

1. bei Übergabe oder Übersendung von Zahlungsmitteln am Tag des Eingangs, bei Hingabe oder Übersendung von Schecks jedoch drei Tage nach dem Tag des Eingangs,

2. bei Überweisung oder Einzahlung auf ein Konto der Körperschaft, der die Abgabe zusteht, und bei Einzahlung mit Zahlschein

an dem Tag, an dem der Betrag der Körperschaft, der die Abgabe zusteht, gutgeschrieben wird,

3. bei Vorliegen einer Einzugsermächtigung

am Fälligkeitstag.

§ 12 I Nr. 5 a) KAG i.V.m. § 225 AO: Reihenfolge der Tilgung

(1) Schuldet ein Abgabenpflichtiger mehrere Beträge und reicht bei freiwilliger Zahlung der gezahlte Betrag nicht zur Tilgung sämtlicher Schulden aus, so wird die Schuld getilgt, die der Abgabenpflichtige bei der Zahlung bestimmt.

(2) Trifft der Abgabenpflichtige keine Bestimmung, so werden mit einer freiwilligen Zahlung, die nicht sämtliche Schulden deckt, zunächst die Geldbußen, sodann nacheinander die Zwangsgelder, die Steuerabzugsbeträge, die übrigen Abgaben, die Kosten, die Verspätungszuschläge, die Zinsen und die Säumniszuschläge getilgt. Innerhalb dieser Reihenfolge sind die einzelnen Schulden nach ihrer Fälligkeit zu ordnen; bei gleichzeitig fällig gewordenen Beträgen und bei den Säumniszuschlägen bestimmt die Körperschaft, der die Abgabe zusteht, die Reihenfolge der Tilgung.

(3) Wird die Zahlung im Verwaltungsweg erzwungen (§ 249 AO) und reicht der verfügbare Betrag nicht zur Tilgung aller Schulden aus, derentwegen die Vollstreckung oder die Verwertung der Sicherheiten erfolgt ist, so bestimmt die Körperschaft, der die Abgabe zusteht, die Reihenfolge der Tilgung.

§ 12 I Nr. 5 a) KAG i.V.m. § 226 AO: Aufrechnung

(1) Für die Aufrechnung mit Ansprüchen aus dem Abgabenschuldverhältnis sowie für die Aufrechnung gegen diese An-

sprüche gelten sinngemäß die Vorschriften des bürgerlichen Rechts, soweit nichts anderes bestimmt ist.

(2) Mit Ansprüchen aus dem Abgabenschuldverhältnis kann nicht aufgerechnet werden, wenn sie durch Verjährung oder Ablauf einer Ausschlussfrist erloschen sind.

(3) Die Abgabenpflichtigen können gegen Ansprüche aus dem Abgabenschuldverhältnis nur mit unbestrittenen oder rechtskräftig festgestellten Gegenansprüchen aufrechnen.

(4) Für die Aufrechnung gilt als Gläubiger oder Schuldner eines Anspruchs aus dem Abgabenschuldverhältnis auch die Körperschaft, die die Abgaben verwaltet.

§ 12 I Nr. 5 a) KAG i.V.m. § 227 AO: Erlass

Die Körperschaften, denen eine Abgabe zusteht, können Ansprüche aus dem Abgabenschuldverhältnis ganz oder zum Teil erlassen, wenn deren Einziehung nach Lage des einzelnen Falls unbillig wäre; unter den gleichen Voraussetzungen können bereits entrichtete Beträge erstattet oder angerechnet werden.

Zahlungsverjährung

§ 12 I Nr. 5 a) KAG i.V.m. § 228 AO: Gegenstand der Verjährung, Verjährungsfrist

Ansprüche aus dem Abgabenschuldverhältnis unterliegen einer besonderen Zahlungsverjährung. Die Verjährungsfrist beträgt fünf Jahre, in Fällen der §§ 370, 373 oder 374 AO zehn Jahre.

§ 12 I Nr. 5 a) KAG i.V.m. § 229 AO: Beginn der Verjährung

(1) Die Verjährung beginnt mit Ablauf des Kalenderjahrs, in dem der Anspruch erstmals fällig geworden ist. Sie beginnt jedoch nicht vor Ablauf des Kalenderjahrs, in dem die Festsetzung eines Anspruchs aus dem Abgabenschuldverhältnis, ihre Aufhebung, Änderung oder Berichtigung nach § 129 AO wirksam geworden ist, aus der sich der Anspruch ergibt; eine Abgabenanmeldung steht einer Abgabenfestsetzung gleich.

(2) Ist ein Haftungsbescheid ohne Zahlungsaufforderung ergangen, so beginnt die Verjährung mit Ablauf des Kalenderjahrs, in dem der Haftungsbescheid wirksam geworden ist.

Anmerkung: Zur Fälligkeit des Anspruchs siehe § 2 Abs. 1 Satz 2 KAG.

§ 12 I Nr. 5 a) KAG i.V.m. § 230 AO: Hemmung der Verjährung

Die Verjährung ist gehemmt, solange der Anspruch wegen höherer Gewalt innerhalb der letzten sechs Monate der Verjährungsfrist nicht verfolgt werden kann.

§ 12 I Nr. 5 a) KAG i.V.m. § 231 AO: Unterbrechung der Verjährung

(1) Die Verjährung eines Anspruchs wird unterbrochen durch

1. Zahlungsaufschub, Stundung, Aussetzung der Vollziehung, Aussetzung der Verpflichtung des Zollschuldners zur Abgabenentrichtung oder Vollstreckungsaufschub,

2. Sicherheitsleistung,

3. eine Vollstreckungsmaßnahme,

4. Anmeldung im Insolvenzverfahren,

5. Eintritt des Vollstreckungsverbots nach § 210 oder § 294 Absatz 1 der Insolvenzordnung,

6. Aufnahme in einen Insolvenzplan oder einen gerichtlichen Schuldenbereinigungsplan,

7. Ermittlungen der Körperschaft, der die Abgabe zusteht, nach dem Wohnsitz oder dem Aufenthaltsort des Zahlungspflichtigen und

8. schriftliche Geltendmachung des Anspruchs.

§ 169 Abs. 1 Satz 3 AO gilt sinngemäß.

(2) Die Unterbrechung der Verjährung dauert fort

1. in den Fällen des Absatzes 1 Satz 1 Nummer 1 bis zum Ablauf der Maßnahme,

2. im Fall des Absatzes 1 Satz 1 Nummer 2 bis zum Erlöschen der Sicherheit,

3. im Fall des Absatzes 1 Satz 1 Nummer 3 bis zum Erlöschen des Pfändungspfandrechts, der Zwangshypothek oder des sonstigen Vorzugsrechts auf Befriedigung,

4. im Fall des Absatzes 1 Satz 1 Nummer 4 bis zur Beendigung des Insolvenzverfahrens,

5. im Fall des Absatzes 1 Satz 1 Nummer 5 bis zum Wegfall des Vollstreckungsverbots nach § 210 oder § 294 Absatz 1 der Insolvenzordnung,

6. in den Fällen des Absatzes 1 Satz 1 Nummer 6, bis der Insolvenzplan oder der gerichtliche Schuldenbereinigungsplan erfüllt oder hinfällig wird.

Wird gegen die Körperschaft, der die Abgabe zusteht, ein Anspruch geltend gemacht, so endet die hierdurch eingetretene Unterbrechung der Verjährung nicht, bevor über den Anspruch rechtskräftig entschieden worden ist.

(3) Mit Ablauf des Kalenderjahrs, in dem die Unterbrechung geendet hat, beginnt eine neue Verjährungsfrist.

(4) Die Verjährung wird nur in Höhe des Betrags unterbrochen, auf den sich die Unterbrechungshandlung bezieht.

§ 12 I Nr. 5 a) KAG i.V.m. § 232 AO: Wirkung der Verjährung

Durch die Verjährung erlöschen der Anspruch aus dem Abgabenschuldverhältnis und die von ihm abhängenden Zinsen.

Verzinsung

§ 12 I Nr. 5 b) KAG i.V.m. § 233 AO: Grundsatz

Ansprüche aus dem Abgabenschuldverhältnis (§ 37 AO) werden nur verzinst, soweit dies gesetzlich vorgeschrieben ist. Ansprüche auf abgabenrechtliche Nebenleistungen (§ 3 Abs. 4 AO) und die entsprechenden Erstattungsansprüche werden nicht verzinst.

§ 12 I Nr. 5 b) KAG i.V.m. § 234 AO: Stundungszinsen

(1) Für die Dauer einer gewährten Stundung von Ansprüchen aus dem Abgabenschuldverhältnis werden Zinsen erhoben. Wird der Abgabenbescheid nach Ablauf der Stundung aufgehoben, geändert oder nach § 129 AO berichtigt, so bleiben die bis dahin entstandenen Zinsen unberührt.

(2) Auf die Zinsen kann ganz oder teilweise verzichtet werden, wenn ihre Erhebung nach Lage des einzelnen Falls unbillig wäre.

Anmerkung: Beachte für Erschließungsbeiträge § 135 Abs. 3 und 4 BauGB und für Straßenausbaubeiträge § 8a Abs. 6 und 7 KAG.

§ 12 I Nr. 5 b) KAG i.V.m. § 235 AO: Verzinsung von hinterzogenen Abgaben

(1) Hinterzogene Abgaben sind zu verzinsen. Zinsschuldner ist derjenige, zu dessen Vorteil die Abgaben hinterzogen worden sind. Wird die Abgabenhinterziehung dadurch begangen, dass ein anderer als der Abgabenschuldner seine Verpflichtung, einbehaltene Abgaben an die Körperschaft, der die Abgabe zusteht, abzuführen oder Abgaben zu Lasten eines anderen zu entrichten, nicht erfüllt, so ist dieser Zinsschuldner.

(2) Der Zinslauf beginnt mit dem Eintritt der Verkürzung oder der Erlangung des Abgabenvorteils, es sei denn, dass die hinterzogenen Beträge ohne die Abgabenhinterziehung erst später fällig geworden wären. In diesem Fall ist der spätere Zeitpunkt maßgebend.

(3) Der Zinslauf endet mit der Zahlung der hinterzogenen Abgabe. Für eine Zeit, für die ein Säumniszuschlag verwirkt, die Zahlung gestundet oder die Vollziehung ausgesetzt ist, werden Zinsen nach dieser Vorschrift nicht erhoben. Wird der Abgabenbescheid nach Ende des Zinslaufs aufgehoben, geändert oder nach § 129 AO berichtigt, so bleiben die bis dahin entstandenen Zinsen unberührt.

(4) Zinsen nach § 233a AO, die für denselben Zeitraum festgesetzt wurden, sind anzurechnen.

§ 12 I Nr. 5 b) KAG i.v.m. § 236 AO: Prozesszinsen auf Erstattungsbeträge

(1) Wird durch eine rechtskräftige gerichtliche Entscheidung oder auf Grund einer solchen Entscheidung eine festgesetzte Abgabe herabgesetzt oder eine Abgabenvergütung gewährt, so ist der zu erstattende oder zu vergütende Betrag vorbehaltlich des Absatzes 3 vom Tag der Rechtshängigkeit an bis zum Auszahlungstag zu verzinsen. Ist der zu erstattende Betrag erst nach Eintritt der Rechtshängigkeit entrichtet worden, so beginnt die Verzinsung mit dem Tag der Zahlung.

(2) Absatz 1 ist entsprechend anzuwenden, wenn

1. sich der Rechtsstreit durch Aufhebung oder Änderung des angefochtenen Verwaltungsakts oder durch Erlass des beantragten Verwaltungsakts erledigt oder

2. eine rechtskräftige gerichtliche Entscheidung oder ein unanfechtbarer Verwaltungsakt, durch den sich der Rechtsstreit erledigt hat,

a) zur Herabsetzung der in einem Folgebescheid festgesetzten Abgaben,

b) zur Herabsetzung der Gewerbesteuer nach Änderung des Gewerbesteuermessbetrags

führt.

(3) Ein zu erstattender oder zu vergütender Betrag wird nicht verzinst, soweit dem Beteiligten die Kosten des Rechtsbehelfs nach § 155 Abs. 4 der Verwaltungsgerichtsordnung auferlegt worden sind.

(4) Zinsen nach § 233a AO, die für denselben Zeitraum festgesetzt wurden, sind anzurechnen.

(5) Ein Zinsbescheid ist nicht aufzuheben oder zu ändern, wenn der Abgabenbescheid nach Abschluss des Rechtsbehelfsverfahrens aufgehoben, geändert oder nach § 129 AO berichtigt wird.

§ 12 I Nr. 5 b) KAG i.V.m. § 237 AO: Zinsen bei Aussetzung der Vollziehung

(1) Soweit ein Widerspruch oder eine Anfechtungsklage gegen einen Abgabenbescheid, eine Abgabenanmeldung oder einen Verwaltungsakt, der einen Abgabenvergütungsbescheid aufhebt oder ändert, oder gegen einen Widerspruchsbescheid über einen dieser Verwaltungsakte endgültig keinen Erfolg gehabt hat, ist der geschuldete Betrag, hinsichtlich dessen die Vollziehung des angefochtenen Verwaltungsakts ausgesetzt wurde, zu verzinsen. Satz 1 gilt entsprechend, wenn nach Einlegung eines Widerspruchs oder gerichtlichen Rechtsbehelfs gegen einen Grundlagenbescheid (§ 171 Abs. 10 AO) oder eine Rechtsbehelfsentscheidung über einen Grundlagenbescheid die Vollziehung eines Folgebescheids ausgesetzt wurde.

(2) Zinsen werden erhoben vom Tag des Eingangs des Widerspruchs bei der Behörde, deren Verwaltungsakt angefochten wird, oder vom Tag der Rechtshängigkeit beim Gericht an bis zum Tag, an dem die Aussetzung der Vollziehung endet. Ist die Vollziehung erst nach dem Eingang des Widerspruchs oder erst nach der Rechtshängigkeit ausgesetzt worden, so beginnt die Verzinsung mit dem Tag, an dem die Wirkung der Aussetzung der Vollziehung beginnt.

(4) § 234 Abs. 2 AO gilt entsprechend.

(5) Ein Zinsbescheid ist nicht aufzuheben oder zu ändern, wenn der Abgabenbescheid nach Abschluss des Rechtsbehelfsverfahrens aufgehoben, geändert oder nach § 129 AO berichtigt wird.

§ 12 I Nr. 5 b) KAG i.V.m. § 238 AO: Höhe und Berechnung der Zinsen

(1) Die Zinsen betragen für jeden Monat einhalb Prozent. Sie sind von dem Tag an, an dem der Zinslauf beginnt, nur für volle Monate zu zahlen; angefangene Monate bleiben außer Ansatz. Erlischt der zu verzinsende Anspruch durch Aufrechnung, gilt der Tag, an dem die Schuld des Aufrechnenden fällig wird, als Tag der Zahlung.

(2) Für die Berechnung der Zinsen wird der zu verzinsende Betrag jeder Abgabenart auf den nächsten durch 50 Euro teilbaren Betrag abgerundet.

Anmerkung: Ggf. sind § 8a Abs. 6 und 7 KAG oder § 133 Abs. 3 Satz 4 BauGB zu beachten.

§ 12 I Nr. 5 b) KAG i.V.m. § 239 AO: Festsetzung der Zinsen

(1) Auf die Zinsen sind die für die Abgaben geltenden Vorschriften entsprechend anzuwenden, jedoch beträgt die Festsetzungsfrist ein Jahr. Die Festsetzungsfrist beginnt:

1. in den Fällen des § 233a AO mit Ablauf des Kalenderjahrs, in dem die Abgaben festgesetzt, aufgehoben, geändert oder nach § 129 AO berichtigt worden ist,

2. in den Fällen des § 234 AO mit Ablauf des Kalenderjahrs, in dem die Stundung geendet hat,

3. in den Fällen des § 235 AO mit Ablauf des Kalenderjahrs, in dem die Festsetzung der hinterzogenen Abgaben unanfechtbar geworden ist, jedoch nicht vor Ablauf des Kalenderjahrs, in dem ein eingeleitetes Strafverfahren rechtskräftig abgeschlossen worden ist,

4. in den Fällen des § 236 AO mit Ablauf des Kalenderjahrs, in dem die Abgaben erstattet oder die Abgabenvergütung ausgezahlt worden ist,

5. in den Fällen des § 237 AO mit Ablauf des Kalenderjahrs, in dem ein Widerspruch oder eine Anfechtungsklage endgültig erfolglos geblieben ist.

Die Festsetzungsfrist läuft in den Fällen des § 233a AO nicht ab, solange die Abgabenfestsetzung, ihre Aufhebung, ihre Änderung oder ihre Berichtigung nach § 129 AO noch zulässig ist.

(2) Zinsen sind auf volle Euro zum Vorteil des Abgabenpflichtigen gerundet festzusetzen. Sie werden nur dann festgesetzt, wenn sie mindestens 10 Euro betragen.

(3) Werden Heranziehungsgrundlagen gesondert festgestellt oder wird ein Steuermessbetrag festgesetzt, sind die Grundlagen für eine Festsetzung von Zinsen

1. nach § 233a AO in den Fällen des § 233a Absatz 2a AO oder

2. nach § 235 AO

gesondert festzustellen, soweit diese an Sachverhalte anknüpfen, die Gegenstand des Grundlagenbescheids sind.

(4) Werden wegen einer Abgabenanmeldung, die nach § 168 Satz 1 AO einer Abgabenfestsetzung unter Vorbehalt der Nachprüfung gleichsteht, Zinsen nach § 233a AO festgesetzt,

so steht diese Zinsfestsetzung ebenfalls unter dem Vorbehalt der Nachprüfung.

Säumniszuschläge

§ 12 I Nr. 5 b) KAG i.v.m. § 240 AO: Säumniszuschläge

(1) Wird eine Abgabe nicht bis zum Ablauf des Fälligkeitstages entrichtet, so ist für jeden angefangenen Monat der Säumnis ein Säumniszuschlag von 1 Prozent des abgerundeten rückständigen Abgabenbetrags zu entrichten; abzurunden ist auf den nächsten durch 50 Euro teilbaren Betrag. Das Gleiche gilt für zurückzuzahlende Abgabenvergütungen und Haftungsschulden, soweit sich die Haftung auf Abgaben und zurückzuzahlende Abgabenvergütungen erstreckt. Die Säumnis nach Satz 1 tritt nicht ein, bevor die Abgaben festgesetzt oder angemeldet worden ist. Wird die Festsetzung einer Abgabe oder Abgabenvergütung aufgehoben, geändert oder nach § 129 AO berichtigt, so bleiben die bis dahin verwirkten Säumniszuschläge unberührt; das Gleiche gilt, wenn ein Haftungsbescheid zurückgenommen, widerrufen oder nach § 129 AO berichtigt wird. Erlischt der Anspruch durch Aufrechnung, bleiben Säumniszuschläge unberührt, die bis zur Fälligkeit der Schuld des Aufrechnenden entstanden sind.

(2) Säumniszuschläge entstehen nicht bei abgabenrechtlichen Nebenleistungen.

(3) Ein Säumniszuschlag wird bei einer Säumnis bis zu drei Tagen nicht erhoben. Dies gilt nicht bei Zahlung nach § 224 Abs. 2 Nr. 1 AO.

(4) In den Fällen der Gesamtschuld entstehen Säumniszuschläge gegenüber jedem säumigen Gesamtschuldner. Insgesamt ist jedoch kein höherer Säumniszuschlag zu entrichten

als verwirkt worden wäre, wenn die Säumnis nur bei einem
Gesamtschuldner eingetreten wäre.

Sicherheitsleistung

§ 12 I Nr. 5 c) KAG i.V.m. § 241 AO: Art der Sicherheitsleistung

(1) Wer nach den Abgabengesetzen Sicherheit zu leisten hat,
kann diese erbringen

1. durch Hinterlegung von im Geltungsbereich dieses Gesetzes umlaufenden Zahlungsmitteln bei der zuständigen Körperschaft,

2. durch Verpfändung der in Absatz 2 genannten Wertpapiere, die von dem zur Sicherheitsleistung Verpflichteten der
Deutschen Bundesbank oder einem Kreditinstitut zur Verwahrung anvertraut worden sind, das zum Depotgeschäft zugelassen ist, wenn dem Pfandrecht keine anderen Rechte vorgehen. Die Haftung der Wertpapiere für Forderungen des
Verwahrers für ihre Verwahrung und Verwaltung bleibt unberührt. Der Verpfändung von Wertpapieren steht die Verpfändung von Anteilen an einem Sammelbestand nach § 6 des
Depotgesetzes in der im Bundesgesetzblatt Teil III, Gliede-
rungsnummer 4130-1, veröffentlichten bereinigten Fassung,
zuletzt geändert durch Artikel 1 des Gesetzes vom 17. Juli
1985 (BGBl. I S. 1507), gleich,

3. durch eine mit der Übergabe des Sparbuchs verbundene
Verpfändung von Spareinlagen bei einem Kreditinstitut, das
im Geltungsbereich dieses Gesetzes zum Einlagengeschäft
zugelassen ist, wenn dem Pfandrecht keine anderen Rechte
vorgehen,

4. durch Verpfändung von Forderungen, die in einem Schuld-
buch des Bundes, eines Sondervermögens des Bundes oder
eines Landes eingetragen sind, wenn dem Pfandrecht keine
anderen Rechte vorgehen,

5. durch Bestellung von

a) erstrangigen Hypotheken, Grund- oder Rentenschulden an
Grundstücken oder Erbbaurechten, die im Geltungsbereich
dieses Gesetzes belegen sind,

b) erstrangigen Schiffshypotheken an Schiffen, Schiffsbau-
werken oder Schwimmdocks, die in einem im Geltungsbereich
dieses Gesetzes geführten Schiffsregister oder Schiffsbaure-
gister eingetragen sind,

6. durch Verpfändung von Forderungen, für die eine erstran-
gige Verkehrshypothek an einem im Geltungsbereich dieses
Gesetzes belegenen Grundstück oder Erbbaurecht besteht,
oder durch Verpfändung von erstrangigen Grundschulden
oder Rentenschulden an im Geltungsbereich dieses Gesetzes
belegenen Grundstücken oder Erbbaurechten, wenn an den
Forderungen, Grundschulden oder Rentenschulden keine
vorgehenden Rechte bestehen,

7. durch Schuldversprechen, Bürgschaft oder Wechselverpflichtungen eines tauglichen Abgabenbürgen (§ 244 AO).

(2) Wertpapiere im Sinne von Absatz 1 Nr. 2 sind

1. Schuldverschreibungen des Bundes, eines Sondervermögens des Bundes, eines Landes, einer Gemeinde oder eines
Gemeindeverbands,

2. Schuldverschreibungen zwischenstaatlicher Einrichtungen,
denen der Bund Hoheitsrechte übertragen hat, wenn sie im
Geltungsbereich dieses Gesetzes zum amtlichen Börsenhandel
zugelassen sind,

3. Schuldverschreibungen der Deutschen Genossenschafts-
bank, der Deutschen Siedlungs- und Landesrentenbank, der
Deutschen Ausgleichsbank, der Kreditanstalt für Wiederauf-
bau und der Landwirtschaftlichen Rentenbank,

4. Pfandbriefe, Kommunalobligationen und verwandte
Schuldverschreibungen,

5. Schuldverschreibungen, deren Verzinsung und Rückzahlung vom Bund oder von einem Land gewährleistet werden.

(3) Ein unter Steuerverschluss befindliches Lager steuerpflich-
tiger Waren gilt als ausreichende Sicherheit für die darauf
lastende Steuern.

§ 12 I Nr. 5 c) KAG i.V.m. § 242 AO: Wirkung der Hinterlegung von Zahlungsmitteln

Zahlungsmittel, die nach § 241 Abs. 1 Nr. 1 AO hinterlegt
werden, gehen in das Eigentum der Körperschaft über, bei
der sie hinterlegt worden sind. Die Forderung auf Rückzahlung ist nicht zu verzinsen. Mit der Hinterlegung erwirbt die
Körperschaft, deren Forderung durch die Hinterlegung gesichert werden soll, ein Pfandrecht an der Forderung auf Rück-
erstattung der hinterlegten Zahlungsmittel.

§ 12 I Nr. 5 c) KAG i.V.m. § 243 AO: Verpfändung von Wertpapieren

Die Sicherheitsleistung durch Verpfändung von Wertpapieren
nach § 241 Abs. 1 Nr. 2 AO ist nur zulässig, wenn der Ver-
wahrer die Gewähr für die Umlauffähigkeit übernimmt. Die
Übernahme dieser Gewähr umfasst die Haftung dafür,

1. dass das Rückforderungsrecht des Hinterlegers durch gerichtliche Sperre und Beschlagnahme nicht beschränkt ist,

2. dass die anvertrauten Wertpapiere in den Sammellisten aufgerufener Wertpapiere nicht als gestohlen oder als verloren gemeldet und weder mit Zahlungssperre belegt noch zur Kraftloserklärung aufgeboten oder für kraftlos erklärt worden sind,

3. dass die Wertpapiere auf den Inhaber lauten, oder, falls sie auf den Namen ausgestellt sind, mit Blankoindossament versehen und auch sonst nicht gesperrt sind, und dass die Zinsscheine und die Erneuerungsscheine bei den Stücken sind.

§ 12 I Nr. 5 c) KAG i.V.m. § 244 AO: Taugliche Abgabenbürgen

(1) Schuldversprechen und Bürgschaften nach dem Bürgerlichen Gesetzbuch sowie Wechselverpflichtungen aus Artikel 28 oder 78 des Wechselgesetzes sind als Sicherheit nur geeignet, wenn sie von Personen abgegeben oder eingegangen worden sind, die

1. ein der Höhe der zu leistenden Sicherheit angemessenes Vermögen besitzen und

2. ihren allgemeinen oder einen vereinbarten Gerichtsstand im Geltungsbereich dieses Gesetzes haben.

Bürgschaften müssen den Verzicht auf die Einrede der Vorausklage nach § 771 des Bürgerlichen Gesetzbuchs enthalten. Schuldversprechen und Bürgschaftserklärungen sind schriftlich zu erteilen; die elektronische Form ist ausgeschlossen. Sicherungsgeber und Sicherungsnehmer dürfen nicht wechselseitig füreinander Sicherheit leisten und auch nicht wirtschaftlich miteinander verflochten sein. Über die Annahme von Bürgschaftserklärungen in den Verfahren nach dem A.T.A.-Übereinkommen vom 6. Dezember 1961 (BGBl. 1965 II S. 948) und dem TIR-Übereinkommen vom 14. November 1975 (BGBl. 1979 II S. 445) in ihren jeweils gültigen Fassungen entscheidet die Generalzolldirektion. Über die Annahme von Bürgschaftserklärungen über Einzelsicherheiten in Form von Sicherheitstiteln nach dem Zollkodex der Union mit der Delegierten Verordnung (EU) 2015/2446 der Kommission vom 28. Juli 2015 zur Ergänzung der Verordnung (EU) Nr. 952/2013 des Europäischen Parlaments und des Rates mit Einzelheiten zur Präzisierung von Bestimmungen des Zollkodex der Union (ABl. L 343 vom 29.12.2015, S. 1) sowie nach der Durchführungsverordnung (EU) 2015/2447 der Kommission vom 24. November 2015 mit Einzelheiten zur Umsetzung von Bestimmungen der Verordnung (EU) Nr. 952/2013 des Europäischen Parlaments und des Rates zur Festlegung des Zollkodex der Union (ABl. L 343 vom 29.12.2015, S. 558) und nach dem Übereinkommen vom 20. Mai 1987 über ein gemeinsames Versandverfahren (ABl. EG Nr. L 226 S. 2) in ihren jeweils gültigen Fassungen entscheidet die Generalzolldirektion.

(2) Die Generalzolldirektion kann Kreditinstitute und geschäftsmäßig für andere Sicherheit leistende Versicherungsunternehmen allgemein als Abgabenbürge zulassen, wenn sie im Geltungsbereich dieses Gesetzes zum Geschäftsbetrieb befugt sind. Bei der Zulassung ist ein Höchstbetrag festzusetzen (Bürgschaftssumme). Die gesamten Verbindlichkeiten aus Schuldversprechen, Bürgschaften und Wechselverpflichtungen, die der Abgabenbürge gegenüber der Körperschaft, der die Abgabe zusteht, übernommen hat, dürfen nicht über die Bürgschaftssumme hinausgehen.

(3) Das Bundesministerium der Finanzen wird ermächtigt, durch Rechtsverordnung mit Zustimmung des Bundesrates die Befugnisse nach Absatz 1 Satz 6 und Absatz 2 auf ein Hauptzollamt oder mehrere Hauptzollämter zu übertragen.

§ 12 I Nr. 5 c) KAG i.V.m. § 245 AO: Sicherheitsleistung durch andere Werte

Andere als die in § 241 AO bezeichneten Sicherheiten kann die Körperschaft, der die Abgabe zusteht, nach ihrem Ermessen annehmen. Vorzuziehen sind Vermögensgegenstände, die größere Sicherheit bieten oder bei Eintritt auch außerordentlicher Verhältnisse ohne erhebliche Schwierigkeit und innerhalb angemessener Frist verwertet werden können.

§ 12 I Nr. 5 c) KAG i.V.m. § 246 AO: Annahmewerte

Die Körperschaft, der die Abgabe zusteht, bestimmt nach ihrem Ermessen, zu welchen Werten Gegenstände als Sicherheit anzunehmen sind. Der Annahmewert darf jedoch den bei einer Verwertung zu erwartenden Erlös abzüglich der Kosten der Verwertung nicht übersteigen. Er darf bei den in § 241 Abs. 1 Nr. 2 und 4 AO aufgeführten Gegenständen und bei beweglichen Sachen, die nach § 245 AO als Sicherheit angenommen werden, nicht unter den in § 234 Abs. 3, § 236 und § 237 Satz 1 des Bürgerlichen Gesetzbuchs genannten Werten liegen.

§ 12 I Nr. 5 c) KAG i.V.m. § 247 AO: Austausch von Sicherheiten

Wer nach den §§ 241 bis 245 AO Sicherheit geleistet hat, ist berechtigt, die Sicherheit oder einen Teil davon durch eine andere nach den §§ 241 bis 244 AO geeignete Sicherheit zu ersetzen.

§ 12 I Nr. 5 c) KAG i.V.m. § 248 AO: Nachschusspflicht

Wird eine Sicherheit unzureichend, so ist sie zu ergänzen oder es ist anderweitige Sicherheit zu leisten.

Vollstreckung

§ 12 I Nr. 6 a) KAG i.V.m. § 251 AO: Vollstreckbare Verwaltungsakte

(2) Unberührt bleiben die Vorschriften der Insolvenzordnung sowie § 79 Abs. 2 des Bundesverfassungsgerichtsgesetzes. Die Körperschaft, der die Abgabe zusteht, ist berechtigt, in den Fällen des § 201 Abs. 2, §§ 257 und 308 Abs. 1 der Insolvenzordnung gegen den Schuldner im Verwaltungswege zu vollstrecken.

(3) Macht die Körperschaft, der die Abgabe zusteht, im Insolvenzverfahren einen Anspruch aus dem Abgabenschuldverhältnis als Insolvenzforderung geltend, so stellt sie erforderlichenfalls die Insolvenzforderung durch schriftlichen Verwaltungsakt fest.

§ 12 I Nr. 6 a) KAG i.V.m. § 254 AO: Voraussetzungen für den Beginn der Vollstreckung

(1) Soweit nichts anderes bestimmt ist, darf die Vollstreckung erst beginnen, wenn die Leistung fällig ist und der Vollstreckungsschuldner zur Leistung oder Duldung oder Unterlassung aufgefordert worden ist (Leistungsgebot) und seit der Aufforderung mindestens eine Woche verstrichen ist. Das Leistungsgebot kann mit dem zu vollstreckenden Verwaltungsakt verbunden werden. Ein Leistungsgebot ist auch dann erforderlich, wenn der Verwaltungsakt gegen den Vollstreckungsschuldner wirkt, ohne ihm bekannt gegeben zu sein. Soweit der Vollstreckungsschuldner eine von ihm auf Grund einer Abgabenanmeldung geschuldete Leistung nicht erbracht hat, bedarf es eines Leistungsgebots nicht.

(2) Eines Leistungsgebots wegen der Säumniszuschläge und Zinsen bedarf es nicht, wenn sie zusammen mit der Abgabe beigetrieben werden. Dies gilt sinngemäß für die Vollstreckungskosten, wenn sie zusammen mit dem Hauptanspruch beigetrieben werden. Die gesonderte Anforderung von Säumniszuschlägen kann ausschließlich automationsgestützt erfolgen.

§ 12 I Nr. 6 b) KAG i.V.m. § 261 AO: Niederschlagung

Ansprüche aus dem Abgabenschuldverhältnis dürfen niedergeschlagen werden, wenn zu erwarten ist, dass

1. die Erhebung keinen Erfolg haben wird oder

2. die Kosten der Erhebung außer Verhältnis zu dem zu erhebenden Betrag stehen werden.

§ 12 II KAG: Übergangsvorschriften

Auf Kommunalabgaben sind ferner die §§ 1, 2, 8, § 10 Abs. 1
mit der Maßgabe, dass in Satz 2 an die Stelle der Vorschriften
der Reichsabgabenordnung die bisherigen Vorschriften des
Kommunalabgabengesetzes treten, § 11, jedoch ohne die
Verweisung auf die §§ 72 und 76 der Abgabenordnung, § 14,
§ 15 Abs. 1 und 3 sowie § 16 Abs. 1 des Artikels 97 des Einführungsgesetzes zur Abgabenordnung in der jeweiligen Fassung entsprechend anzuwenden, soweit nicht dieses Gesetz
oder andere Bundes- oder Landesgesetze besondere Vorschriften enthalten.

Anmerkung: § 12 Abs. 2 KAG verweist auf einzelne Übergangsvorschriften des Artikels 97 des Einführungsgesetzes zur Abgabenordnung. Mit diesen Vorschriften wird im Einzelnen bestimmt, inwieweit
nachträglich geänderte Vorschriften der Abgabenordnung auf Sachverhalte aus der Zeit vor dem Inkrafttreten der jeweiligen Änderungen der Abgabenordnung Anwendung finden. Vom Abdruck wurde
abgesehen.

§ 12 III KAG: Verweisung zu abgabenrechtli-
chen Nebenleistungen

Die Vorschriften der Absätze 1 und 2 gelten entsprechend für
Verspätungszuschläge, Zinsen und Säumniszuschläge (abgabenrechtliche Nebenleistungen) sowie für die Ersatzansprü-
che nach § 5 Abs. 7 und § 10 Abs. 1 und 2 dieses Gesetzes.

Anmerkung: Ansprüche auf abgabenrechtliche Nebenleistungen wie
Zuschläge und Zinsen sind ihrerseits entgegen einer Deutungsmög-
lichkeit des § 12 Abs. 3 KAG kein Gegenstand von Zinsen oder

Säumniszuschlägen (vgl. § 12 I Nr. 5. b) KAG i.V.m. § 233 Abs. 1 Satz 2 AO).

§ 12 IV KAG: entsprechende Anwendung

Bei der Anwendung der in den Absätzen 1 und 2 genannten Vorschriften tritt jeweils an die Stelle

a) der Finanzbehörde oder des Finanzamtes die Körperschaft, der die Abgabe zusteht,

b) des Wortes „Steuer(n)" - allein oder in Wortzusammensetzungen - das Wort „Abgabe(n)",

c) des Wortes „Besteuerung" die Worte „Heranziehung zu Abgaben".

§ 13 Kleinbeträge, Abrundung

(1) Es kann davon abgesehen werden, Abgaben und abgabenrechtliche Nebenleistungen festzusetzen, zu erheben, nachzufordern oder zu erstatten, wenn der Betrag niedriger als 20 Euro ist und die Kosten der Einziehung oder Erstattung außer Verhältnis zu dem Betrag stehen, es sei denn, dass wegen der grundsätzlichen Bedeutung des Falles eine Einziehung geboten ist.

(2) Cent-Beträge können bei der Festsetzung von Abgaben und abgabenrechtlichen Nebenleistungen auf volle Euro nach unten abgerundet und bei der Erstattung auf volle Euro nach oben aufgerundet werden.

§ 14 Abgabenbescheide

(1) Festsetzung und Erhebung mehrerer Abgaben, die denselben Abgabepflichtigen betreffen, können in einem Bescheid zusammengefasst werden.

(2) Ein Bescheid über Abgaben für einen bestimmten Zeitabschnitt kann bestimmen, dass er auch für künftige Zeitabschnitte gilt, solange sich die Berechnungsgrundlagen und der Abgabenbetrag nicht ändern. Dabei ist anzugeben, an welchen Tagen und mit welchen Beträgen die Abgaben jeweils fällig werden.

(3) Abgabenbescheide mit Dauerwirkung sind von Amts wegen aufzuheben oder zu ändern, wenn die Abgabepflicht entfällt oder sich die Höhe der Abgaben ändert.

Straf- und Bußgeldvorschriften

§ 17 I Abgabenhinterziehung

Mit Freiheitsstrafe bis zu zwei Jahren oder mit Geldstrafe wird bestraft, wer

a) der Körperschaft, der die Abgabe zusteht, oder einer anderen Behörde über abgabenrechtlich erhebliche Tatsachen unrichtige oder unvollständige Angaben macht oder

b) die Körperschaft, der die Abgabe zusteht, pflichtwidrig über abgabenrechtlich erhebliche Tatsachen in Unkenntnis lässt

und dadurch Abgaben verkürzt oder nicht gerechtfertigte Abgabenvorteile für sich oder einen anderen erlangt. § 370 Abs. 4, §§ 371 und 376 der Abgabenordnung in der jeweiligen Fassung gelten entsprechend.

§ 17 I Satz 2 KAG i.V.m. § 370 IV AO: Abgabenhinterziehung

Abgaben sind namentlich dann verkürzt, wenn sie nicht, nicht in voller Höhe oder nicht rechtzeitig festgesetzt werden; dies gilt auch dann, wenn die Abgabe vorläufig oder unter Vorbe-

halt der Nachprüfung festgesetzt wird oder eine Abgabenanmeldung einer Abgabenfestsetzung unter Vorbehalt der
Nachprüfung gleichsteht. Abgabenvorteile sind auch Abgabenvergütungen; nicht gerechtfertigte Abgabenvorteile sind
erlangt, soweit sie zu Unrecht gewährt oder belassen werden.
Die Voraussetzungen der Sätze 1 und 2 sind auch dann erfüllt, wenn die Abgabe, auf die sich die Tat bezieht, aus anderen Gründen hätte ermäßigt oder der Abgabenvorteil aus
anderen Gründen hätte beansprucht werden können.

§ 17 I Satz 2 KAG i.V.m. § 371 AO: Selbstan-
zeige bei Abgabenhinterziehung

(1) Wer gegenüber der Körperschaft, der die Abgabe zusteht,
zu allen Abgabenstraftaten einer Abgabenart in vollem Umfang die unrichtigen Angaben berichtigt, die unvollständigen
Angaben ergänzt oder die unterlassenen Angaben nachholt,
wird wegen dieser Abgabenstraftaten nicht nach § 370 AO
bestraft. Die Angaben müssen zu allen unverjährten Abgabenstraftaten einer Abgabenart, mindestens aber zu allen
Abgabenstraftaten einer Abgabenart innerhalb der letzten
zehn Kalenderjahre erfolgen.

(2) Straffreiheit tritt nicht ein, wenn

1. bei einer der zur Selbstanzeige gebrachten unverjährten
Abgabenstraftaten vor der Berichtigung, Ergänzung oder
Nachholung

a) dem an der Tat Beteiligten, seinem Vertreter, dem Begünstigten im Sinne des § 370 Absatz 1 AO oder dessen Vertreter eine Prüfungsanordnung nach § 196 AO bekannt gegeben worden ist, beschränkt auf den sachlichen und zeitlichen
Umfang der angekündigten Außenprüfung, oder

b) dem an der Tat Beteiligten oder seinem Vertreter die Einleitung des Straf- oder Bußgeldverfahrens bekannt gegeben worden ist oder

c) ein Amtsträger der Körperschaft, der die Abgabe zusteht, zur abgabenrechtlichen Prüfung erschienen ist, beschränkt auf den sachlichen und zeitlichen Umfang der Außenprüfung, oder

d) ein Amtsträger zur Ermittlung einer Abgabenstraftat oder einer Abgabenordnungswidrigkeit erschienen ist oder

e) ein Amtsträger der Körperschaft, der die Abgabe zusteht, zu einer Umsatzsteuer-Nachschau nach § 27b des Umsatzsteuergesetzes, einer Lohnsteuer-Nachschau nach § 42g des Einkommensteuergesetzes oder einer Nachschau nach anderen abgabenrechtlichen Vorschriften erschienen ist und sich ausgewiesen hat oder

2. eine der Abgabenstraftaten im Zeitpunkt der Berichtigung, Ergänzung oder Nachholung ganz oder zum Teil bereits entdeckt war und der Täter dies wusste oder bei verständiger Würdigung der Sachlage damit rechnen musste,

3. die nach § 370 Absatz 1 AO verkürzte Abgabe oder der für sich oder einen anderen erlangte nicht gerechtfertigte Abgabenvorteil einen Betrag von 25 000 Euro je Tat übersteigt, oder

4. ein in § 370 Absatz 3 Satz 2 Nummer 2 bis 6 AO genannter besonders schwerer Fall vorliegt. Der Ausschluss der Straffreiheit nach Satz 1 Nummer 1 Buchstabe a und c hindert nicht die Abgabe einer Berichtigung nach Absatz 1 für die nicht unter Satz 1 Nummer 1 Buchstabe a und c fallenden Abgabenstraftaten einer Abgabenart.

(2a) Soweit die Abgabenhinterziehung durch Verletzung der
Pflicht zur rechtzeitigen Abgabe einer vollständigen und richtigen Umsatzsteuervoranmeldung oder Lohnsteueranmeldung
begangen worden ist, tritt Straffreiheit abweichend von den
Absätzen 1 und 2 Satz 1 Nummer 3 bei Selbstanzeigen in
dem Umfang ein, in dem der Täter gegenüber der zuständigen Körperschaft die unrichtigen Angaben berichtigt, die
unvollständigen Angaben ergänzt oder die unterlassenen
Angaben nachholt. Absatz 2 Satz 1 Nummer 2 gilt nicht,
wenn die Entdeckung der Tat darauf beruht, dass eine Umsatzsteuervoranmeldung oder Lohnsteueranmeldung nachgeholt oder berichtigt wurde. Die Sätze 1 und 2 gelten nicht für
Abgabenanmeldungen, die sich auf das Kalenderjahr beziehen. Für die Vollständigkeit der Selbstanzeige hinsichtlich
einer auf das Kalenderjahr bezogenen Abgabenanmeldung ist
die Berichtigung, Ergänzung oder Nachholung der Voranmel-
dungen, die dem Kalenderjahr nachfolgende Zeiträume betreffen, nicht erforderlich.

(3) Sind Abgabenverkürzungen bereits eingetreten oder Abgabenvorteile erlangt, so tritt für den an der Tat Beteiligten
Straffreiheit nur ein, wenn er die aus der Tat zu seinen Gunsten hinterzogenen Abgaben, die Hinterziehungszinsen nach
§ 235 AO und die Zinsen nach § 233a AO, soweit sie auf die
Hinterziehungszinsen nach § 235 Absatz 4 AO angerechnet
werden, innerhalb der ihm bestimmten angemessenen Frist
entrichtet. In den Fällen des Absatzes 2a Satz 1 gilt Satz 1
mit der Maßgabe, dass die fristgerechte Entrichtung von Zinsen nach § 233a AO oder § 235 AO unerheblich ist.

(4) Wird die in § 153 AO vorgesehene Anzeige rechtzeitig und
ordnungsmäßig erstattet, so wird ein Dritter, der die in § 153
AO bezeichneten Erklärungen abzugeben unterlassen oder
unrichtig oder unvollständig abgegeben hat, strafrechtlich

nicht verfolgt, es sei denn, dass ihm oder seinem Vertreter vorher die Einleitung eines Straf- oder Bußgeldverfahrens wegen der Tat bekannt gegeben worden ist. Hat der Dritte zum eigenen Vorteil gehandelt, so gilt Absatz 3 entsprechend.

§ 17 I Satz 2 KAG i.V.m. § 376 AO: Verfolgungsverjährung

(1) In den in § 370 Absatz 3 Satz 2 Nummer 1 bis 6 AO genannten Fällen besonders schwerer Abgabenhinterziehung beträgt die Verjährungsfrist 15 Jahre; § 78b Absatz 4 des Strafgesetzbuches gilt entsprechend.

(2) Die Verjährung der Verfolgung einer Abgabenstraftat wird auch dadurch unterbrochen, dass dem Beschuldigten die Einleitung des Bußgeldverfahrens bekannt gegeben oder diese Bekanntgabe angeordnet wird.

(3) Abweichend von § 78c Absatz 3 Satz 2 des Strafgesetzbuches verjährt in den in § 370 Absatz 3 Satz 2 Nummer 1 bis 6 genannten Fällen besonders schwerer Steuerhinterziehung die Verfolgung spätestens, wenn seit dem in § 78a des Strafgesetzbuches bezeichneten Zeitpunkt des Zweieinhalbfache der gesetzlichen Verjährungsfrist verstrichen ist.

§ 17 II KAG

Der Versuch ist strafbar.

§ 17 III KAG i.V.m. § 385 AO: Geltung von Verfahrensvorschriften

(1) Für das Strafverfahren wegen Abgabenstraftaten gelten, soweit die folgenden Vorschriften nichts anderes bestimmen, die allgemeinen Gesetze über das Strafverfahren, namentlich

die Strafprozessordnung, das Gerichtsverfassungsgesetz und das Jugendgerichtsgesetz.

(2) Die für Abgabenstraftaten geltenden Vorschriften dieses Abschnitts, mit Ausnahme des § 386 Abs. 2 AO sowie der §§ 399 bis 401 AO, sind bei dem Verdacht einer Straftat, die unter Vorspiegelung eines abgabenrechtlich erheblichen Sachverhalts gegenüber der Körperschaft, der die Abgabe zusteht, oder einer anderen Behörde auf die Erlangung von Vermögensvorteilen gerichtet ist und kein Abgabenstrafgesetz verletzt, entsprechend anzuwenden.

§ 17 III KAG i.V.m. § 391 AO: Zuständiges Gericht

(1) Ist das Amtsgericht sachlich zuständig, so ist örtlich zuständig das Amtsgericht, in dessen Bezirk das Landgericht seinen Sitz hat. Im vorbereitenden Verfahren gilt dies, unbeschadet einer weitergehenden Regelung nach § 58 Abs. 1 des Gerichtsverfassungsgesetzes, nur für die Zustimmung des Gerichts nach § 153 Abs. 1 und § 153a Abs. 1 der Strafprozessordnung.

(2) Die Landesregierung kann durch Rechtsverordnung die Zuständigkeit abweichend von Absatz 1 Satz 1 regeln, soweit dies mit Rücksicht auf die Wirtschafts- oder Verkehrsverhältnisse, den Aufbau der Verwaltungsbehörden oder andere örtliche Bedürfnisse zweckmäßig erscheint. Die Landesregierung kann diese Ermächtigung auf die Landesjustizverwaltung übertragen.

(3) Strafsachen wegen Abgabenstraftaten sollen beim Amtsgericht einer bestimmten Abteilung zugewiesen werden.

(4) Die Absätze 1 bis 3 gelten auch, wenn das Verfahren nicht nur Abgabenstraftaten zum Gegenstand hat; sie gelten

jedoch nicht, wenn dieselbe Handlung eine Straftat nach dem Betäubungsmittelgesetz darstellt, und nicht für Abgabenstraftaten, welche die Kraftfahrzeugsteuer betreffen.

§ 17 III KAG i.V.m. § 393 AO: Verhältnis des Strafverfahrens zum Heranziehungsverfahren

(1) Die Rechte und Pflichten der Abgabenpflichtigen und der Körperschaft, der die Abgabe zusteht, im Heranziehungsverfahren und im Strafverfahren richten sich nach den für das jeweilige Verfahren geltenden Vorschriften. Im Heranziehungsverfahren sind jedoch Zwangsmittel (§ 328 AO) gegen den Abgabenpflichtigen unzulässig, wenn er dadurch gezwungen würde, sich selbst wegen einer von ihm begangenen Abgabenstraftat oder Abgabenordnungswidrigkeit zu belasten. Dies gilt stets, soweit gegen ihn wegen einer solchen Tat das Strafverfahren eingeleitet worden ist. Der Abgabenpflichtige ist hierüber zu belehren, soweit dazu Anlass besteht.

(2) Soweit der Staatsanwaltschaft oder dem Gericht in einem Strafverfahren aus den Abgabenakten Tatsachen oder Beweismittel bekannt werden, die der Abgabenpflichtige der Körperschaft, der die Abgabe zusteht, vor Einleitung des Strafverfahrens oder in Unkenntnis der Einleitung des Strafverfahrens in Erfüllung abgabenrechtlicher Pflichten offenbart hat, dürfen diese Kenntnisse gegen ihn nicht für die Verfolgung einer Tat verwendet werden, die keine Abgabenstraftat ist. Dies gilt nicht für Straftaten, an deren Verfolgung ein zwingendes öffentliches Interesse (§ 30 Abs. 4 Nr. 5 AO) besteht.

(3) Erkenntnisse, die die Körperschaft, der die Abgabe zusteht, oder die Staatsanwaltschaft rechtmäßig im Rahmen strafrechtlicher Ermittlungen gewonnen hat, dürfen im Heranziehungsverfahren verwendet werden. Dies gilt auch für Erkenntnisse, die dem Brief-, Post- und Fernmeldegeheimnis unterliegen, soweit die Körperschaft, der die Abgabe zusteht, diese rechtmäßig im Rahmen eigener strafrechtlicher Ermittlungen gewonnen hat oder soweit nach den Vorschriften der Strafprozessordnung Auskunft an die Körperschaft erteilt werden darf.

§ 17 III KAG i.V.m. § 395 AO: Akteneinsicht der Körperschaft, der die Abgabe zusteht

Die Körperschaft, der die Abgabe zusteht, ist befugt, die Akten, die dem Gericht vorliegen oder im Fall der Erhebung der Anklage vorzulegen wären, einzusehen sowie beschlagnahmte oder sonst sichergestellte Gegenstände zu besichtigen. Die Akten werden der Körperschaft, der die Abgabe zusteht, auf Antrag zur Einsichtnahme übersandt.

§ 17 III KAG i.V.m. § 396 AO: Aussetzung des Verfahrens

(1) Hängt die Beurteilung der Tat als Abgabenhinterziehung davon ab, ob ein Abgabenanspruch besteht, ob Abgaben verkürzt oder ob nicht gerechtfertigte Abgabenvorteile erlangt sind, so kann das Strafverfahren ausgesetzt werden, bis das Heranziehungsverfahren rechtskräftig abgeschlossen ist.

(2) Über die Aussetzung entscheidet im Ermittlungsverfahren die Staatsanwaltschaft, im Verfahren nach Erhebung der öffentlichen Klage das Gericht, das mit der Sache befasst ist.

(3) Während der Aussetzung des Verfahrens ruht die Verjährung.

§ 17 III KAG i.V.m. § 397 AO: Einleitung des Strafverfahrens

(1) Das Strafverfahren ist eingeleitet, sobald die Körperschaft, der die Abgabe zusteht, die Polizei, die Staatsanwaltschaft, eine ihrer Ermittlungspersonen oder der Strafrichter eine Maßnahme trifft, die erkennbar darauf abzielt, gegen jemanden wegen einer Abgabenstraftat strafrechtlich vorzugehen.

(2) Die Maßnahme ist unter Angabe des Zeitpunkts unverzüglich in den Akten zu vermerken.

(3) Die Einleitung des Strafverfahrens ist dem Beschuldigten spätestens mitzuteilen, wenn er dazu aufgefordert wird, Tatsachen darzulegen oder Unterlagen vorzulegen, die im Zusammenhang mit der Straftat stehen, derer er verdächtig ist.

§ 17 III KAG i.V.m. § 398 AO: Einstellung wegen Geringfügigkeit

Die Staatsanwaltschaft kann von der Verfolgung einer Abgabenhinterziehung, bei der nur eine geringwertige Abgabenverkürzung eingetreten ist oder nur geringwertige Abgabenvorteile erlangt sind, auch ohne Zustimmung des für die Eröffnung des Hauptverfahrens zuständigen Gerichts absehen, wenn die Schuld des Täters als gering anzusehen wäre und kein öffentliches Interesse an der Verfolgung besteht. Dies gilt für das Verfahren wegen einer Steuerhehlerei nach § 374 AO und einer Begünstigung einer Person, die eine der in § 375 Abs. 1 Nr. 1 bis 3 AO genannten Taten begangen hat, entsprechend.

§ 17 III KAG i.V.m. § 407 AO: Beteiligung der Körperschaft, der die Abgabe zusteht, in sonstigen Fällen

(1) Das Gericht gibt der Körperschaft, der die Abgabe zusteht, Gelegenheit, die Gesichtspunkte vorzubringen, die von ihrem Standpunkt für die Entscheidung von Bedeutung sind. Dies gilt auch, wenn das Gericht erwägt, das Verfahren einzustellen. Der Termin zur Hauptverhandlung und der Termin zur Vernehmung durch einen beauftragten oder ersuchten Richter (§§ 223, 233 der Strafprozessordnung) werden der Körperschaft, der die Abgabe zusteht, mitgeteilt. Ihr Vertreter erhält in der Hauptverhandlung auf Verlangen das Wort. Ihm ist zu gestatten, Fragen an Angeklagte, Zeugen und Sachverständige zu richten.

(2) Das Urteil und andere das Verfahren abschließende Entscheidungen sind der Körperschaft, der die Abgabe zusteht, mitzuteilen.

§ 18 (gegenstandslos)

§ 19 (gegenstandslos)

§ 20 Abs. 1 Satz 1 KAG: Leichtfertige Abgabenverkürzung und Abgabengefährdung

Ordnungswidrig handelt, wer als Abgabenpflichtiger oder bei Wahrnehmung der Angelegenheiten eines Abgabenpflichtigen eine der in § 17 Abs. 1 bezeichneten Taten leichtfertig begeht (leichtfertige Abgabenverkürzung).

§ 20 Abs. 1 Satz 2 KAG i.V.m. § 370 Abs. 4 AO Abgabenhinterziehung

Abgaben sind namentlich dann verkürzt, wenn sie nicht, nicht in voller Höhe oder nicht rechtzeitig festgesetzt werden; dies gilt auch dann, wenn die Abgabe vorläufig oder unter Vorbehalt der Nachprüfung festgesetzt wird oder eine Abgabenanmeldung einer Abgabenfestsetzung unter Vorbehalt der Nachprüfung gleichsteht. Abgabenvorteile sind auch Abgabenvergütungen; nicht gerechtfertigte Abgabenvorteile sind erlangt, soweit sie zu Unrecht gewährt oder belassen werden. Die Voraussetzungen der Sätze 1 und 2 sind auch dann erfüllt, wenn die Abgabe, auf die sich die Tat bezieht, aus anderen Gründen hätte ermäßigt oder der Abgabenvorteil aus anderen Gründen hätte beansprucht werden können.

Anmerkung: Der Verweis in § 20 Abs. 1 Satz 2 KAG auf § 370 Abs. 4 der AO ist redundant, weil die durch § 20 Abs. 1 Satz 1 KAG einbezogene Vorschrift des § 17 Abs. 1 KAG den Verweis auf die Tatbestandskonkretisierung des § 370 Abs. 4 AO bereits beinhaltet.

§ 20 I Satz 2 KAG i.V.m. § 378 III AO: Leichtfertige Abgabenverkürzung

Eine Geldbuße wird nicht festgesetzt, soweit der Täter gegenüber der Körperschaft, der die Abgabe zusteht, die unrichtigen Angaben berichtigt, die unvollständigen Angaben ergänzt oder die unterlassenen Angaben nachholt, bevor ihm oder seinem Vertreter die Einleitung eines Straf- oder Bußgeldverfahrens wegen der Tat bekannt gegeben worden ist. Sind Abgabenverkürzungen bereits eingetreten oder Abgabenvorteile erlangt, so wird eine Geldbuße nicht festgesetzt, wenn der Täter die aus der Tat zu seinen Gunsten verkürzten

Abgaben innerhalb der ihm bestimmten angemessenen Frist entrichtet.

§ 20 I Satz 2 KAG i.V.m. §§ 378 III Satz 3, 371 IV Satz 1 AO

Wird die in § 153 AO vorgesehene Anzeige rechtzeitig und ordnungsmäßig erstattet, so wird ein Dritter, der die in § 153 AO bezeichneten Erklärungen abzugeben unterlassen oder unrichtig oder unvollständig abgegeben hat, nicht verfolgt, es sei denn, dass ihm oder seinem Vertreter vorher die Einleitung eines Straf- oder Bußgeldverfahrens wegen der Tat bekannt gegeben worden ist.

§ 20 I Satz 2 KAG i.V.m. §§ 378 III Satz 3, 371 IV Satz 2, 371 III AO

Sind Abgabenverkürzungen bereits eingetreten oder Abgabenvorteile erlangt, so tritt für den Dritten im Sinne des § 371 Abs. 4 Satz 1 AO, der zum eigenen Vorteil gehandelt hat, Verfolgungsfreiheit nur ein, wenn er die aus der Tat zu seinen Gunsten hinterzogenen Abgaben, die Hinterziehungszinsen nach § 235 AO und die Zinsen nach § 233a AO, soweit sie auf die Hinterziehungszinsen nach § 235 Absatz 4 AO angerechnet werden, innerhalb der ihm bestimmten angemessenen Frist entrichtet.

§ 20 Abs. 2 und 3 KAG

(2) Ordnungswidrig handelt auch, wer vorsätzlich oder leichtfertig

a) Belege ausstellt, die in tatsächlicher Hinsicht unrichtig sind, oder

b) den Vorschriften einer Abgabensatzung zur Sicherung der Abgabenerhebung, insbesondere zur Anmeldung und Anzeige von Tatsachen, zur Führung von Aufzeichnungen oder Nachweisen, zur Kennzeichnung oder Vorlegung von Gegenständen oder zur Erhebung und Abführung von Abgaben zuwiderhandelt

und es dadurch ermöglicht, Abgaben zu verkürzen oder nicht gerechtfertigte Abgabenvorteile zu erlangen (Abgabengefährdung).

(3) Die Ordnungswidrigkeit kann in den Fällen des Absatzes 1 mit einer Geldbuße bis zu zehntausend Euro und in den Fällen des Absatzes 2 mit einer Geldbuße bis zu fünftausend Euro geahndet werden.

§ 20 IV KAG i.V.m. § 391 AO: Zuständiges Gericht

(1) Ist das Amtsgericht sachlich zuständig, so ist örtlich zuständig das Amtsgericht, in dessen Bezirk das Landgericht seinen Sitz hat. Im vorbereitenden Verfahren gilt dies, unbeschadet einer weitergehenden Regelung nach § 58 Abs. 1 des Gerichtsverfassungsgesetzes, nur für die Zustimmung des Gerichts nach § 153 Abs. 1 und § 153a Abs. 1 der Strafprozessordnung.

(2) Die Landesregierung kann durch Rechtsverordnung die Zuständigkeit abweichend von Absatz 1 Satz 1 regeln, soweit dies mit Rücksicht auf die Wirtschafts- oder Verkehrsverhältnisse, den Aufbau der Verwaltungsbehörden oder andere örtliche Bedürfnisse zweckmäßig erscheint. Die Landesregierung kann diese Ermächtigung auf die Landesjustizverwaltung übertragen.

(3) Bußgeldsachen wegen Abgabenordnungswidrigkeiten sollen beim Amtsgericht einer bestimmten Abteilung zugewiesen werden.

(4) Die Absätze 1 bis 3 gelten auch, wenn das Verfahren nicht nur Abgabenordnungswidrigkeiten zum Gegenstand hat; sie gelten jedoch nicht, wenn dieselbe Handlung eine Straftat nach dem Betäubungsmittelgesetz darstellt, und nicht für Abgabenordnungswidrigkeiten, welche die Kraftfahrzeugsteuer betreffen.

§ 20 IV KAG i.V.m. § 393 AO: Verhältnis des Bußgeldverfahrens zum Heranziehungsverfahren

(1) Die Rechte und Pflichten der Abgabenpflichtigen und der Körperschaft, der die Abgabe zusteht, im Heranziehungsverfahren und im Bußgeldverfahren richten sich nach den für das jeweilige Verfahren geltenden Vorschriften. Im Heranziehungsverfahren sind jedoch Zwangsmittel (§ 328 AO) gegen den Abgabenpflichtigen unzulässig, wenn er dadurch gezwungen würde, sich selbst wegen einer von ihm begangenen Abgabenstraftat oder Abgabenordnungswidrigkeit zu belasten. Dies gilt stets, soweit gegen ihn wegen einer solchen Tat das Strafverfahren eingeleitet worden ist. Der Abgabenpflichtige ist hierüber zu belehren, soweit dazu Anlass besteht.

(2) Soweit der Staatsanwaltschaft oder dem Gericht in einem Bußgeldverfahren aus den Abgabenakten Tatsachen oder Beweismittel bekannt werden, die der Abgabenpflichtige der Körperschaft, der die Abgabe zusteht, vor Einleitung des Bußgeldverfahrens oder in Unkenntnis der Einleitung des

Bußgeldverfahrens in Erfüllung Abgabenrechtlicher Pflichten offenbart hat, dürfen diese Kenntnisse gegen ihn nicht für die Verfolgung einer Tat verwendet werden, die keine Abgabenstraftat ist. Dies gilt nicht für Straftaten, an deren Verfolgung ein zwingendes öffentliches Interesse (§ 30 Abs. 4 Nr. 5 AO) besteht.

(3) Erkenntnisse, die die Körperschaft, der die Abgabe zusteht, oder die Staatsanwaltschaft rechtmäßig im Rahmen von Ermittlungen gewonnen hat, dürfen im Heranziehungsverfahren verwendet werden. Dies gilt auch für Erkenntnisse, die dem Brief-, Post- und Fernmeldegeheimnis unterliegen, soweit die Körperschaft, der die Abgabe zusteht, diese rechtmäßig im Rahmen eigener Ermittlungen gewonnen hat oder soweit nach den Vorschriften der Strafprozessordnung Auskunft an die Körperschaft erteilt werden darf.

§ 20 IV KAG i.V.m. § 396 AO: Aussetzung des Verfahrens

(1) Hängt die Beurteilung der Tat als Abgabenhinterziehung davon ab, ob ein Abgabenanspruch besteht, ob Abgaben verkürzt oder ob nicht gerechtfertigte Abgabenvorteile erlangt sind, so kann das Strafverfahren ausgesetzt werden, bis das Heranziehungsverfahren rechtskräftig abgeschlossen ist.

(2) Über die Aussetzung entscheidet im Ermittlungsverfahren die Staatsanwaltschaft, im Verfahren nach Erhebung der öffentlichen Klage das Gericht, das mit der Sache befasst ist.

(3) Während der Aussetzung des Verfahrens ruht die Verjährung.

§ 20 IV KAG i.V.m. § 397 AO: Einleitung des Bußgeldverfahrens

(1) Das Bußgeldverfahren ist eingeleitet, sobald die Körperschaft, der die Abgabe zusteht, die Polizei, die Staatsanwaltschaft, eine ihrer Ermittlungspersonen oder der Strafrichter eine Maßnahme trifft, die erkennbar darauf abzielt, gegen jemanden wegen einer Abgabenordnungswidrigkeit bußgeldrechtlich vorzugehen.

(2) Die Maßnahme ist unter Angabe des Zeitpunkts unverzüglich in den Akten zu vermerken.

(3) Die Einleitung des Bußgeldverfahrens ist dem Betroffenen spätestens mitzuteilen, wenn er dazu aufgefordert wird, Tatsachen darzulegen oder Unterlagen vorzulegen, die im Zusammenhang mit der Ordnungswidrigkeit stehen, derer er verdächtig ist.

§ 20 IV KAG i.V.m. § 407 AO: Beteiligung der Körperschaft, der die Abgabe zusteht, in sonstigen Fällen

(1) Das Gericht gibt der Körperschaft, der die Abgabe zusteht, Gelegenheit, die Gesichtspunkte vorzubringen, die von ihrem Standpunkt für die Entscheidung von Bedeutung sind. Dies gilt auch, wenn das Gericht erwägt, das Verfahren einzustellen. Der Termin zur Hauptverhandlung und der Termin zur Vernehmung durch einen beauftragten oder ersuchten Richter (§§ 223, 233 der Strafprozessordnung) werden der Körperschaft, der die Abgabe zusteht, mitgeteilt. Ihr Vertreter erhält in der Hauptverhandlung auf Verlangen das Wort. Ihm ist zu gestatten, Fragen an Betroffene, Zeugen und Sachverständige zu richten.

(2) Der Bußgeldbescheid und andere das Verfahren abschließende Entscheidungen sind der Körperschaft, der die Abgabe zusteht, mitzuteilen.

§ 20 IV KAG i.V.m. § 411 AO: Bußgeldverfahren gegen Rechtsanwälte, Steuerberater, Steuerbevollmächtigte, Wirtschaftsprüfer oder vereidigte Buchprüfer

Bevor gegen einen Rechtsanwalt, Steuerberater, Steuerbevollmächtigten, Wirtschaftsprüfer oder vereidigten Buchprüfer wegen einer Abgabenordnungswidrigkeit, die er in Ausübung seines Berufs bei der Beratung in Abgabensachen begangen hat, ein Bußgeldbescheid erlassen wird, gibt die Körperschaft, der die Abgabe zusteht, der zuständigen Berufskammer Gelegenheit, die Gesichtspunkte vorzubringen, die von ihrem Standpunkt für die Entscheidung von Bedeutung sind.

§ 20 Abs. 5 KAG

Verwaltungsbehörde im Sinne des § 36 I Nr. 1 des Gesetzes über Ordnungswidrigkeiten ist die Körperschaft, der die Abgabe zusteht.

§ 21 (gegenstandslos)

§ 22 Übergangsvorschrift zur Erhebung der Jagdsteuer

Die Kreise und kreisfreien Städte sind berechtigt, Jagdsteuern wie folgt zu erheben: ab 1. Januar 2010 in Höhe von 80 %, ab 1. Januar 2011 in Höhe von 55 % und ab 1. Januar 2012 bis 31. Dezember 2012 in Höhe von 30 % des Steuersatzes, den sie zum Stichtag 1. Januar 2009 festgesetzt haben.

§ 22a Einschränkung von Grundrechten

Die Grundrechte auf körperliche Unversehrtheit und Freiheit der Person (Artikel 2 Abs. 2 des Grundgesetzes) und der Unverletzlichkeit der Wohnung (Artikel 13 des Grundgesetzes) werden nach Maßgabe dieses Gesetzes eingeschränkt.

§ 23 Änderung des Vergnügungssteuergesetzes

§ 24 Änderung des Verwaltungsvollstreckungsgesetzes für das Land Nordrhein-Westfalen

§ 25 Rechts- und Verwaltungsverordnungen

(1) Das für Kommunales zuständige Ministerium wird ermächtigt, im Einvernehmen mit dem für Finanzen zuständigen Ministerium und dem Kommunalpolitischen Ausschuss des Landtags durch Rechtsverordnung dieses Gesetz durch Einfügung der entsprechenden Vorschriften neu zu fassen, wenn dies wegen einer Änderung des in diesem Gesetz für anwendbar erklärten Bundesrechts notwendig wird.

(2) Das für Kommunales zuständige Ministerium erlässt im Einvernehmen mit dem für Finanzen zuständigen Ministerium die zur Ausführung dieses Gesetzes erforderlichen Verwaltungsverordnungen.

§ 26 Inkrafttreten, Übergangsvorschrift

(1) § 11 Absatz 4 und § 25 dieses Gesetzes treten einen Tag nach seiner Verkündung, die übrigen Vorschriften am 1. Januar 1970 in Kraft.

(2) § 8a Absatz 6 und 7 ist auch auf bis zum 1. Januar 2020 bereits abgeschlossene Beitragserhebungsverfahren anzuwenden. Dies gilt nicht, soweit die Beiträge von den Gemeinden und Gemeindeverbänden bereits vereinnahmt wurden.

Anmerkung: Hinsichtlich der Übergangsvorschriften zu früheren Änderungen der Abgabenordnungen siehe § 12 Abs. 2 KAG und die dort genannten Verweisungen.